基于语料库的
俄语恭维语研究

任苒 著

中国水利水电出版社
www.waterpub.com.cn
·北京·

内 容 提 要

随着"一带一路"倡议的不断推进，我国与沿线俄语国家在政治、文化、经济等领域的交流日渐深入，语言礼仪规范在对外交往中越来越凸显出其必要性。本书针对恭维言语行为，以俄语国家语料库（НКРЯ）为基础，构建俄语恭维语熟语料库，将定量分析与定性分析相结合，辅助计算机统计软件，从汉俄恭维语常用句式、反应特点及多个语用层面全面展示了汉俄恭维语使用特点，并重点揭示了引起差异的因素，进而透过恭维语现象对中俄两国的民族文化内涵和社交礼仪规则做了深入的解析。

本书可供涉外人员、俄语专业人员、高等院校俄语专业师生、俄罗斯文化爱好者、跨文化交际人员以及语用学研究人员阅读使用。

图书在版编目（CIP）数据

基于语料库的俄语恭维语研究 / 任苒著. -- 北京：中国水利水电出版社，2023.10
ISBN 978-7-5226-1373-4

Ⅰ．①基… Ⅱ．①任… Ⅲ．①俄语－语法－研究
Ⅳ．①H354

中国国家版本馆CIP数据核字(2023)第034612号

书　　名	基于语料库的俄语恭维语研究 JIYU YULIAOKU DE E'YU GONGWEIYU YANJIU
作　　者	任　苒　著
出版发行	中国水利水电出版社 （北京市海淀区玉渊潭南路 1 号 D 座　100038） 网址：www.waterpub.com.cn E-mail：sales@mwr.gov.cn 电话：(010) 68545888（营销中心）
经　　售	北京科水图书销售有限公司 电话：(010) 68545874、63202643 全国各地新华书店和相关出版物销售网点
排　　版	中国水利水电出版社微机排版中心
印　　刷	清淞永业（天津）印刷有限公司
规　　格	170mm×240mm　16 开本　6.75 印张　132 千字
版　　次	2023 年 10 月第 1 版　2023 年 10 月第 1 次印刷
定　　价	**50.00 元**

前言

随着"一带一路"倡议的不断推进，我国和沿线俄语国家经济贸易交往不断深入发展，语言在彼此往来交流过程中也扮演着越来越重要的角色。但笔者注意到，在现场贸易谈判、跨境电商往来邮件和在线沟通过程中，人们在恭维语的使用上出现了不少错误，这说明在中俄语言文化环境中，恭维语的使用方式以及人们对恭维语的反应都存在着较大的文化差异。作为中俄贸易的一方，正确理解和使用俄语恭维语是尊人尊己的表现，掌握俄语恭维语使用原则更是掌握一种语言技巧、一种礼仪魅力之美的象征。

在语言礼仪研究方面，各国学者从不同角度做出了贡献，人类学家 Brown（1987）和 Levison（1987）构建了面子理论，即"面子保全论"来解释言语交际中的礼貌现象，我国学者顾曰国（1992）则对其进行了修正和补充，提出适合中国人行为习惯的"礼貌原则"；何自然（1997）以英语语言现象为例，从语用学的角度解释语言和交际行为的关系，探究规范言语行为的问题；贾玉新（1997）从跨文化角度对语言现象与文化的关系做了深入的研究。但是，目前国内对恭维语的研究热点主要集中在性别差异、跨文化交际、恭维语作为言语行为分析和文化对比几个方面，且大多是对英语语言的研究。

俄罗斯语言学界对恭维语的研究始于 Формановская Н. И. 在 1989 年出版的专著《言语礼节与文化交流》（《Речевой этикет и культура общения》），在此书中，她提出了语言礼仪的概念，揭示了礼仪与文化交往的相互关系，并且从语言和教育两个方面对俄语语言文化特征进行了阐述。可以说，Формановская Н. И. 奠定了俄罗斯学界对恭维语研究的理论基础。自 20 世纪起，俄罗斯语言学家开始关注对"文化概念"的研究（Вежбицкая，2017；Зализняк，2017；Шмелев，2012；Брагина，2003）。

除 Формановская Н. И. 以外，在恭维语研究领域较为重要的学者

还有 Исеерс О. С. 和 Леонтьев В. В. 。Исеерс О. С. 从语用的角度分析了俄语交际环境中需要掌握和遵守的交际策略和原则；Леонтьев В. В. 聚焦于把恭维语作为一种话语类型的分析，并在英语语境下对"恭维""表扬"和"谄媚"这三种言语体裁进行了区分。目前，俄罗斯学界对恭维语研究的热点主要集中在"恭维语策略研究""恭维语概念和类型研究""性别研究"和"跨文化对比研究"四个方面。

本书的语料素材来源于俄语国家语料库（НКРЯ）。俄语国家语料库是俄罗斯国家级权威语料库，旨在为从事俄语研究的语言学家以及对俄语感兴趣或者学习俄语的本国人和外国人提供丰富、纯正的俄语语言素材。对该语料库的运用可以为俄语学界研究俄语言文化以及俄罗斯民族文化提供新的视野和角度；同时，该研究运用 CiteSpace 数据分析软件，对国际上以及俄罗斯学界恭维语研究状况进行统计可视化分析，分析结果不但展示了恭维语研究所涉及的基础知识、学科领域、重要期刊、关键论文，而且还揭示了恭维语研究的历史趋势和研究热点，这些都可以为将来语言学言语行为相关研究提供参考；俄语国家语料库具有囊括大量真实生活中使用过的事实性言语素材的特点，把它作为基本语料素材来源弥补了国内外语研究中语料来源趋于片面性和主观性的不足。

本书的编写旨在为对俄外事交流活动及经济活动相关从业人员规范言语礼仪提供参考；同时也为我国高校俄语教学提供帮助，加深俄语学习者对俄罗斯国情文化的理解。在对外汉语教育方面，希望本书能够有效提高汉语文化输出的针对性，帮助来自俄语言文化环境的学生较轻松地完成语言文化思维模式转换。

任苒

2021.11

目录

第1章 理 论 基 础

人们在日常生活中经常使用各种各样的言语行为，如称谓语、招呼语、告别语、请求语、恭维语及回应等。不同民族文化背景下，言语行为的具体表达形式与礼貌密切相关，有时，一种文化中的礼貌用语在另一种文化中会被视为无礼，同一种言语行为在不同的民族中有不同的表达方式，其差异涉及语言形式及内容。这也是造成跨文化语用失误的原因之一。恭维语是一种礼貌言语行为，是说话者对听话者具备的某种素质的肯定或对被恭维者的所有物的赞美。恭维语是一种一职多能的社会言语行为，显性的词句构成方式虽然很简单，但在日常生活中却发挥着重要的语用功能，Wolfson（1980）将恭维语的这一社会功能比作"社交润滑剂"，Holmes（1986）用"关系稳定的符号""一种积极的礼貌策略"来总结恭维语的功能。在 Goffman（1967）提出"面子理论"的同时就指出恭维语通过表达对他人的肯定与欣赏来维护对方的面子。

显而易见，恭维语的使用是良好人际交往中不可或缺的组成部分，恰当地使用恭维语以及正确合适的回应方式不仅能够巩固人际关系，而且还能达到调节谈话氛围、增进彼此感情的作用。而不恰当地使用恭维语，轻则导致交流双方沟通上的困难，严重的可以引起误会甚至是冲突。比如，在西方恭维语中经常会使用的"我很喜欢……"的句型表达恭维，而在汉语言文化中，这样的表达很容易被人理解为一种间接的索取。叶雷的研究表明，中国人很少使用"我喜欢……"这种表达方式，因为在中国人看来，这样表达意味着表明自己的偏好和倾向，容易被人理解为对某物的占有欲。因此，在汉语恭维语中，对他人所属物的赞扬最好不要添加上自己的主观感情倾向。在对恭维语的回应上，中国人和俄罗斯人遵循的是两种不同的礼貌原则，当对方发出赞叹自己的言辞时，比如说"你今天看起来很有气质！""这件衣服简直就是为你量身打造的！"等，中国人的反应是首先主动降低对方对自己的欣赏程度，通常会回复"您过奖了"之类的言辞，然后再对自身进行贬低式的评论，比如"主要是光线比较衬人的肤色！""其实也是一般般啦！"等。这符合中国式"礼貌原则"里面的"贬己尊人"准则，因为在中国人的传统观念里，贬低自己，降格自身的"积极面子"就相当于无形中维护了谈话对象的"消极面子"，既显示了自己的谦虚品格，也表达了对对方的尊重，而在西方以"维护个人公众形象"为目的的"面子观"看来，这样的行为是难以理解的。俄罗斯人非常看重别人对自己的赞扬和肯定，

1

认为这是自己理想的个人公众形象在他人眼里的实现，是对自己"积极面子"的维护，所以，在回答恭维语时，他们更多的是采取"一致准则"，表示感谢或者肯定对方的恭维后解释为什么会有如此出彩的表现。比如说，对一个俄罗斯姑娘说"你的发型真时髦!"，她的回答可能是"谢谢您的恭维!"，也可能是"当然! 这可是我昨天新做的呢!"。

此外，中国自古就是一个"差序格局"的社会，现代社会也依然保持着严格的等级关系。下级对上级的恭维必然不如同事、朋友间的恭维随意。不真诚、不恰当的恭维很容易被当作阿谀奉承。因此，中国人在恭维他人的时候会非常注意，尽量避免产生误解和不快，特别在对上级使用恭维语时，非常注意分寸和场合，而在俄罗斯社会在这一点上没有如此鲜明的表现。

1.1　恭维语的定义

恭维语是英语术语"compliment"的汉语译文，俄语中使用的术语是"комплимент"。但在汉语中，也有人将"compliment"或"комплимент"译为"称赞语"，很多人将这二者等同起来。

目前学术界所普遍接受的一种恭维语的定义是 Holmes（1988）在一篇名为"言语中的恭维"（Complimenting in speech）的文章中提出的。他的定义是这样的：恭维语是因他人尤其听话者具有说话者和听话者均予以肯定评价的某种良好东西（如质量、性格、技能等）而以明示或隐含的方式向其表示赞许的一种言语行为。

这个定义基本上囊括了恭维语的一些基本特征，即恭维语是一种言语行为，它的对象是听话者身上的某种好的东西，恭维语是一种肯定性评价，恭维语可以直接表达也可以间接表达。

但是，Holmes 的定义并不是非常严谨，混淆了"恭维"与"赞扬""奉承"的界限。而且，他的定义缺少了一个很关键的要素——礼貌。恭维语也是一种礼貌用语，很多学者在研究言语礼节的时候都会将其纳入其中，如俄罗斯学者 Формановская Н. И. 在其专门研究言语礼节的《俄语言语礼节》（《Русский речевой этикет》，1975）、《俄语言语礼节与文化》（《Русский речевой этикет и культура》，1989）等书中都有专门章节对"恭维"这种言语行为进行论述。对恭维语的研究运用到的一个重要理论依据就是礼貌原则。所以恭维语不光是言语行为，而且是一种礼貌言语行为，但是，赞扬和奉承就不能算作是一种礼貌用语，因为表扬往往体现一种权势的应用，而奉承往往是一种达成目的的手段。

所以，对恭维语的定义除了体现恭维行为的一般功能以外，更应该强调该行为的性质，是一种礼貌行为。

1.2 恭维语的分类

Herbert（1991）将恭维语分为显性恭维语和隐性恭维语。这说明恭维语的表达可以是明示的，也可以是隐含的。

显性恭维语是指那些具有一定习惯结构，带有明显正面色彩词汇的语句。一般即使脱离具体语境仍能被确认为是恭维。显性恭维语较常出现在我们的日常口语中，表达直接有力。如"您做饭真是太好吃了！""您今天看起来气色真好！"。

相较于显性恭维，对隐性恭维的理解往往要复杂许多，因为隐性恭维没有明确的褒扬成分，对它的理解要结合具体语境，通常隐性恭维里没有明显的具有褒义色彩的词语，以间接的方式表达对他人的积极评价，在隐性恭维面前，我们往往需要推敲其"言外之意"。有些话，只有在特定的语境中才能确定其为恭维语。比如在一次学术会议上，一位中国学者用流利的俄语作了报告，得到了在场俄罗斯学者的一致称赞，一位俄罗斯学者问他："您是从小学习俄语吗？"言下之意就是恭维他俄语发音非常地道，语言运用非常纯熟，学术报告做得非常好。众所周知，学术报告对语言要求较高，一个外国人能够熟练地用非母语进行学术报告是一件非常不容易的事情，俄罗斯学者的问话不一定符合事实，但间接表达了他对这位中国学者俄语水平的肯定，在这个场合里，虽然没有一个可以明显表露赞赏感情色彩的词语，但是可以理解为是恭维。而同样的问话如果换一个场合就不一定是恭维了。

隐性恭维语往往更能体现说话的技巧，但由于其复杂性，很难对其进行系统的研究，所以目前对恭维语的研究基本上是针对显性恭维语。恭维语被认为是一种高度程序化的礼貌言语行为，其实指的也是显性恭维语，因为隐性恭维语是千变万化的，并不具备固定的形式。我们的研究也是针对显性恭维语。

1.3 恭维、奉承和赞扬的区别

欧洲语言中的词素"恭维"首次出现于17世纪初，而在俄罗斯则出现于18世纪初。从那时起，恭维语就成为了专门研究的对象，并进入了文学描述。1917年之前出版的《教会斯拉夫语与俄语词典》中是这样解释"恭维"的：Комплимент - учтивые слова, выраженные изустно или письменно; приветствие（《Словарь церковно - славянского и русского языка》，1867：406）该词最初的源头是拉丁语，原始意义为"完成""结束"，后来该词引入法国、德国，表示宫廷礼貌用语，还有鞠躬礼的意思。在俄罗斯，17世纪末，随着彼得一世的一系列宗教改革活动影响的扩大，世俗口才已变得十分重要。新的世俗娱乐形式的引入，使得社交用语中一些良好的形式规则得到了广泛传播。基于此情况，在 1708 年出版的《如何称赞示例》（《Приклады, како пишутся комплименты разныя》）一书，为大众提供了一些规范性示例，展示了应该如何开始写信，如何表达对女性的感受以及提供了可供读者使用的特定模板。书中所提供的模板可以在信函末尾使用，也可以用于个人信函、祝贺信函和正式信函。根据以上所述，可以得出结论，在 18 世纪，恭维的使用范围仅限于书信语领域，当时俄语"комплимент"的意思就是鞠躬礼，是一种礼貌用语。在 19 世纪，恭维的使用领域大为扩展：恭维成为交流的一种主要仪式，并被解释为一种特殊的称赞形式，是敬拜和爱恋的标志。1917 年十月革命之后，俄国社会的价值体系发生了变化，其结果是直到 20 世纪 80 年代，恭维一直不是人们关注的焦点，也不是专门研究的主题。近年来，恭维的艺术已在社会上受到高度重视，并且是闲聊的重要元素。在现代社会中，恭维语不仅能够表达赞赏和好感的情感，也已经成为了信息的载体，并具有更多的功能性作用。

Иссерс О. С. 认为恭维是一种在了解和遵守普遍性礼仪规则前提下的、积极的、仪式性的言语行为。恭维与赞扬的主要区别在于：赞扬的目的是给予积极的评价，而恭维的目的是传达善意。人们进行恭维是为了建立或保持联系，缓解紧张气氛，营造愉快的氛围，因此，恭维的主题一般是外貌，这个主题带有非常强烈的主观判断色彩，但是赞扬则具有另外的交流功能。在赞扬中，说话人通常会针对被赞扬者的行为发表积极的评价。Иссерс О. С. 指出，"对于赞扬来说，被接受是成功的指标，而拒绝接受评价则是失败的标志""而对于恭维，即使被恭维者有不同的意见，不接受也并不意味着恭维失败"。赞扬通常需要评估被赞扬者的素质、知识和技能，因此要获得赞扬，需要做一些事情，从积极的方面展现自己，但是恭维则在这方面不受限制。

此外，"恭维"和"赞扬"的对象也有所不同，"恭维"的指向是具体的人，而"赞扬"既可以对人也可以对物。指物的名词只能作为恭维的内容存在，"恭维衣服""恭维房子"的意思是对衣服和房子进行赞美，其目的是恭维衣服和房子的主人。举个简单的例子，如果我们看到一个孩子，我们会说"好可爱的孩子"，这时我们并不知道孩子的父母是谁，这句话是纯粹的因为喜爱孩子而发出的感叹，就只能说是赞扬，没有针对任何人，可以没有听众，只是自言自语。而如果我们是面对孩子的父母说了同样一句话，主要的受众是孩子的父母，那么这句话就可以说是恭维，因为这是借孩子取悦父母，带有一定的目的性。

"恭维"与"奉承"之间也没有十分明显的界限，相同的内容在不同的对话场景中可以有不同的理解。但总的来说，恭维语的目的主要在于调解谈话氛围，保持友好关系，增进与被恭维者的互相了解程度，恭维内容上主要尊重客观事实，以对方实际存在的优点为出发点，恭维言语行为主要发生在"平行"社会关系中，可以用于平辈、平级之间；而奉承的目的在于顺着对方心意说话，取悦对方以获取自身的利益。所以恭维的内容可以较为夸张，甚至可以"无中生有"，捏造事实。奉承的对象主要是可以为自己带来好处的群体，可以是上级领导，也可以是权贵。从语体色彩来看，恭维是一种为日常交流增添"色彩"的话语艺术，该行为本身不带有褒贬含义，而奉承由于其自带的强烈的目的性，在社会交往中往往被判断是一种带有贬义色彩的言语行为。

"恭维"和"奉承"两种言语行为之间的界限非常模糊，受对话环境、谈话者身份、交际目的等多方面客观因素影响，因此仅仅通过单纯的对话文本，很难区分二者。

为了在所收集的语料库语料中区分言语类型"恭维"和"赞扬"，并通过具体实例佐证它们的区别，选择了几种具有典型特征的对话，将对话分为"恭维"和"赞扬"两种类型（见附录）。在本书中，所有的分析数据都是基于恭维语对话得出的。

第2章 研究方法综述

研究方法是指在研究中发现新现象、新事物或提出新理论、新观点，是揭示事物内在规律的工具和手段。现代科学表明，研究方法对任何一门学科都是至关重要的，研究方法的革新往往成为理论发展的契机。语言学研究也是如此。

随着科学技术的不断发展，学科之间边界逐渐模糊，跨学科研究逐渐成为当今学术活动的主流，提倡对问题进行整体性和综合性研究。语言学的边界也在不断扩充，那么，语言学研究方法也不能固守它原来的疆土。语言学研究方法大致经历了三个发展阶段：非实证性研究方法阶段、定量为主的实证性研究方法阶段和定量与定性相结合的混合研究方法阶段。

20世纪70年代后，大量的学者先后从不同的角度对恭维语现象进行深入研究。学者们通过搜集整理不同类型的语料，其中包括自然语料和诱发式语料，采取形式多样的研究方法，得出各自的结论。本书对语言学研究中经常使用的研究方法进行全面的总结，并从真实性、完整性、时间性、可操作性、代表性、互动性和可整理性七个维度以五点为尺度对每个研究方法进行评分，分析其在保障实验结果有效真实方面的可靠度，论述每一种研究方法的利弊之处。

本书采用了知识图谱及科学计量学的方法对欧美以及俄罗斯的恭维语研究相关文献进行梳理，并用可视化图形的方法对梳理结果进行呈现，直接客观地描述了国际上恭维语研究的现状。

定量与定性相结合也是我们使用的重要研究方法。定量法和定性法都是实证研究的主要方法，在语用学研究中，定性法指的是对在当时当地所收集到的第一手语料（会话、话语、文本等）进行归纳的分析方式，然后在此基础上提出假设或形成理论（包括分类），包括对文化背景等语境因素进行系统全面地考察和分析；定量法需要我们对数据作出一个特定的假设（hyopthesls），通过收集足够有代表性的数据结果，并通过合理地推理、统计技术验证这个假设。定量是定性的基本前提，定性是定量的进一步深入，定量与定性相结合能够有效提高研究的科学性和准确性。

同时，本书在俄语国家语料库（НКРЯ）的基础上，通过语料库语言学的研究方法，以大量俄语日常生活用语和文学作品中的语言建立微型俄语恭维语语料库，通过定性研究与定量研究，宏观研究与微观分析相结合的方法，对俄语恭维语的使用情况进行研究，真实地反映了俄罗斯社会中人与人之间的交际。

2.1 语料收集方法

在语言学研究中，语料一般指为研究语言而收集的语言材料，通常包括自然发生的或由其他方式引发的书面语或口语样本，用以代表特定的语言或语言变体。作为语言研究的数据，语料可以记录和反映语言的实际使用情况，帮助人们分析和研究语言系统的规律，但其收集工作却并非总是易事。Kasper（2007）曾指出，所有领域内的社会科学家都为如何收集数据回答研究问题而纠结。语用学家也是经常如此。

2.1.1 语料分类

综合现有研究者（Larsen - Freeman et al.，1991；Kasper et al.，1991；Kasper，2007；Ogiermann，2009；Ishihara，2010；Bublitz et al.，2011）对语料及收集方法的分类，根据受调查人员是否作为交际一方参与了自然发生的真实交际，将语料分为自然语料和诱发式语料两大类。

（1）自然语料（Naturalistic Data）。自然语料是受调查人员作为交际一方参与其中的言语交际行为，受真实交际意愿的驱动。媒体报道、录像、文学作品、记录电影、演讲、街头文字和广告等，虽然带有一定的人为痕迹，但也比较接近自然对话场景，也属于自然语料。

（2）诱发式语料（Elicited Data）。诱发式语料是指被试者受研究人员的诱发和引导，从记忆中激活相关信息，并用报告、表演等形式表达出来，即语料的形成是受调查人员的研究目的驱动。在收集的过程中，受试者清楚地知道自己的话语（有时还包括手势、表情等）会被用于研究目的（季小民等，2014）。

2.1.2 语料收集方法及对比分析

（1）语料收集方法依据语料类型也分为两大类：

1）自然语料收集方法。自然语料可以通过一些具体的方法（如自然会话场景录制、场景回忆或做观察笔记）观察自然发生的会话来获取，也可以借助现有语料库收集。

场景回忆、自然会话场景录制和观察笔记这三种数据收集方法收集到的都是在真实生活场景下最真实的语料。但从所收集到语料的全面性和真实性角度来看，应首选自然会话场景录制，因为这种方法是使用机器完全客观公正地记录下对话过程，这种方法可以毫无缺失地记录下会话中的每一个细节，可以最大限度地呈现语言交际的真实面貌，帮助我们了解限制语言使用的各种因素，以及哪些情景下哪些言语行为多发、哪些情景下哪些言语行为根本不会发生等。

尽管从理论上看很理想，但实际采用这一方法的研究数量极为有限（Kasper et al.，1991），因为这一方法有很大的局限性：首先，在自然对话情况下，某一种具体语言现象的出现频率十分有限，如果要收集到足够的有效语料进行科学研究，要消耗很多的时间；其次，因为是在完全真实自然的情况下录制的语音材料，所以在整理时，会有非常多不可控的因素（噪声，无关话题等）影响研究者提取需要的语料，对语料收集造成负面影响；最后，研究人员缺席现场，不能观察到谈话者的表情和肢体语言等非言语行为，同时，除了对语言内容的获取外，研究者能得到的关于受试者的相关信息非常少，这对进一步研究会产生不利的影响。

观察笔记是采取人工方式记录语料，观察员在现场可以对真实交流现场进行客观地观察和记录，记录下的语言使用情况和交谈者的现场表现都应该是非常符合实际状况的。但是受观察员本身的个人经验和工作能力的制约，所得语料数据可能不如通过自然会话场景录制所得到的真实。同样，使用观察笔记的方法收集数据，研究者也无法得知被试的相关信息，以至于语料虽然真实，却不具有代表性，无法进行进一步的分析工作。

使用场景回忆法收集所得到的也是真实发生过的语言数据，因为被试者本身就是真实场景对话的参与者，可以提供出较多的关于对话者的重要信息，并且能够比较具体地描绘人们在交流时的互动情况，所以，与前两种语料收集方法相比，场景回忆法收集到的语料除了具有真实性的特点，还具有一定的代表性，研究者可以根据这些信息进行分析总结，得出相关结论。

总之，以上三种自然数据收集方法得到的数据都具有真实客观的优点，都能够最大限度地还原交流现场，其局限性有以下两点：①由于有效语料不集中，收集过程花费时间较长，整理较为困难；②由于研究者对被试者的相关信息了解较少，造成语料不具有较强的代表性。

语料库是现实生活中发生的自然语料的集合，可以保障语料的客观和真实性。同时，语料库会为使用者提供合适的检索工具及检索系统，便于快速找到需要的语言资料，这就大大节约了收集语料的时间。同时，利用计算机对电子文本进行必要的标记也十分方便，有利于使用者对收集到的语料进行整理。但是，语料库中收集的语料缺乏充足的上下文信息和对话者相关信息，不能完全展示对话的真实情景，有时会导致使用者对文本信息的误读，这是语料库收集方法的局限性。

2）诱发式语料收集方法。诱发式语料收集方法主要是指凭借一定的材料（图片、问题）或者研究者的参与（如访谈）等实验手段获取语料。具体方法有书面/口头语篇补全测试及调查问卷、角色扮演、访谈和日记等。

书面/口头语篇补全测试及调查问卷所收集的数据是在设定好固定场景，或是应答调查者提出的具有针对性的问题的条件下得到的，只能间接地反映被测试者在特定的情景下的经验。并且，测试者本身的主观愿望也会影响到数据收集和结果分析。因此，较自然场景下发生的语料还存在一定的差异，并不能完全反映真实的交际情况。由于书面/口头语篇补全测试（DCT）和调查问卷法可以方便地对变量进行有效控制，能够在较短的时间内得到需要的数据，收集到的语料不具有广泛的代表性，只局限于研究者给出的调查范围，所以这种语料收集方法更适合在给定的对话环境中针对所关注的事情进行研究。

角色扮演法中收集到的是在模拟真实场景下扮演者真实的语料，所以与书面/口头语篇补全测试和问卷调查法收集到的语料相比，具有更强的真实性，并且，因为是以表演的形式展示对话场景，整个对话的过程完整，交谈者的互动细节清晰，研究者可以在有限的时间内最大限度地获得所需信息。角色扮演法的局限性在于：表演有别于真实生活场景，受试者是被规定了某个角色进行表演，在测试时，演员依靠自己的理解和想象表演角色，却无法替代角色。所以，表演中使用的语料是不能够代表真实的言语情景的。角色扮演法收集到的语料不具有很强的代表性。

访谈作为一种收集语料的重要形式，可以分为开放式访谈和封闭式访谈。不同类型的访谈对应于不同类型的语料，满足于不同的研究目的。在封闭式访谈，被试仅需针对研究人员提前设计好的问题做出简要回答，这种访谈的好处是可以在短时间内获取大量的需要信息。开放式访谈中被试的回答不受限制，得到的语料内容更加丰富。但是访谈形式收集语料的局限性在于被试是直接和测试者进行交流，且非常清楚谈话是用于研究目的，所以在主观上会改变自己的说话方式，有意识地选择更加合适的回答。而且，访谈采用问答的形式收集语料，这在一定程度上影响被试对问题的设想和思考。所以，以访谈方式得到的语料的真实性较低。

日记主要是建立在被试对过往经历的主观回忆基础上，完全是日记主人主导的，得到语料的客观性较弱，主观性较强，真实性值得怀疑。这种数据收集方法主要被应用于考察二语习得研究中的个体差异问题，学习策略问题等领域。

诱发式语料数据收集方法的优点是可以控制变量和利于短时间内收集大量语料，并且比较容易对收集到的语料进行梳理工作，所以一直广为使用。但它的缺点是使用这种方法所收集到的语料的真实性、可靠性往往难以保证，因为在这种模式下受访者往往会做出"应该的"回应，而不一定是其在真实语境中实际做出的回应。这种所想与其实际所做之间的差异在很大程度上来源于受访者内心的行为规范准则和文化知识。因为，在一个文化发生着急剧变化的社会中，受访者已经具备了新的知识，了解了新的行为规范，但是在这种获得性的知识真正转化为深层的能力之前，它与实际行动并不总是匹配的。

（2）语料收集方法的对比分析。通过上述语料及收集方法的分类及特点描述，将收集方法按照真实性、完整性、时间性、可操作性、代表性、互动性、可整理性七个维度进行对比，并按照最优、良好、一般、较差、很差的从 5 分到 1 分的评价进行简单评分，汇总得出表 2.1。

表 2.1　　　　　　　　　　　　　语料及收集方法对比分析

语料分类	语料收集方法	真实性	完整性	时间性	可操作性	代表性	互动性	可整理性	总评价
自然语料	场景回忆	4	4	3	2	3	4	3	23
	自然会话场景录制	5	4	2	1	2	4	2	20
	观察笔记	4	3	1	1	2	4	3	18
	语料库	4	3	5	5	5	3	5	30
诱发式语料	角色扮演	3	5	4	4	2	4	4	26
	书面/口头语篇补全测试	2	3	5	4	2	2	5	23
	调查问卷	3	2	5	5	3	3	5	26
	访谈	2	1	4	5	1	2	5	20
	日记	2	2	5	5	1	2	5	22

表 2.1 中的各项参数指标解释说明如下：

真实性是指收集到的语料是否与现实中发生的对话内容相符合，语料内容能否完全体现出被研究的言语行为在真实生活中的使用情况。

完整性是指对话语料上下文的完整性，包含谈话者的表情和肢体动作，即语料能否客观反映对话发生时的真实情景。

时间性是指对话语料收集过程所需要消耗的时间。

可操作性是指在收集对话语料过程中需要进行的实验步骤是否容易实现。

代表性是指收集到的对话语料是否能够代表不同时间阶段、不同群体阶层对该语言现象的使用特征。

互动性是指对话语料能否充分体现对话角色之间的互动。

可整理性是指收集到的原始语料（视频、音频、问卷等）是否容易整理成标准的可以进行分析的形式。

从表格 2.1 中，可以看出，自然语料在很大程度上保留了语料的真实性，也较能够体现出真实交流场景中语言使用者的互动。从中国学者对国际语言学刊物所选语料类型的分析中，可以看出语言学中以自然语料作为数据来源进行研究的文章占了 86.3%，这说明在国际上，学者们较为倾向于自然语料收集。

但是在所列出的表格中可以清楚地看出，除了语料库以外，自然语料在收集和整理上都存在较大的困难。诱发式语料是通过实验的手段获得，所以在较大程度上可以被人为控制，在时间性、可操作性和可整理性方面都具有明显的优势。但是因为人为实验的特征非常明显，容易形成对被试的心理干涉，影响被试的言语行为，所以，诱发式语料在真实性方面的评分较低。在语料的代表性方面，语料库语料明显优于其他语料，由于语料库语料取自于不同年代的语言载体（文学作品，报纸，杂志等），因此对不同年代以及不同群体的言语使用特点具有广泛的代表性，在语言学中更加适合对具体语言现象整体特征的研究。

2.2 语料库语言学

语料库语言学是一种以语料库为基础的语言研究方法，它利用语料库对语言的某个方面进行研究，并依据对语料的统计分析反映出来的语言事实和特征推动语言学研究的发展。这种方法基于大量的真实语言，可以用来回答通过其他途径很难回答的问题，极大地丰富了已有的研究方法。语料库语言学以大量精心采集而来的真实文本作为研究素材，依据语料库所反映出来的语言事实，通过概率统计的方法得出结论，对现行语言学理论进行批判，提出新的观点或理论。因此，语料库语言学从本质上讲是实证性研究方法。语料库语言学发展的历史大致可以以计算机化为分水岭划分为两个时期：传统语料库时期和现代语料库时期。近年来，随着计算机技术的普及应用以及大数据统计分析的快速发展，语言学中基于语料库的统计分析研究越来越多。

语料库是存放在一定媒介之上的语言材料的集合。语料库可以根据不同的标准进行分类：按照用途不同可以分为通用语料库和专用语料库；按照介质可以分为文字语料库、声音语料库；按照语种可以分为单语语料库、双语语料库和多语语料库，或平行语料库与非平行语料库，或母语语料库与外语学习者语料库；按照语言时间可以分为共时语料库和历时语料库；按照语言状态可以分为静态语料库、动态语料库；按照文本存放格式分为普通文本语料库和标注文本语料库。普通文本语料库只是简单地收集各种文本，并以纯文本方式存储语料，不附加格式（如字体、字形、字号、段落等）和语言特征标记，标注文本语料库带有各种语言学信息（语体、词类、句法结构、作者）。普通文本语料库具有广泛的适应性，而标注过的语料能够更好地满足语言学研究的需要。

根据语料收集方法的对比结果，本书认为运用语料库收集自然语料是一种可行性较高的收集方法。

2.3　知识图谱及科学计量学

2.3.1　知识图谱

知识图谱的概念最早由谷歌提出，是一种用来描绘真实世界客观存在的实体、概念及它们之间关联关系的语义网络。知识图谱实际上就是一个结构化的知识库。它以图形的方式展现了实体的概念和实体之间的关联关系，这样更符合人类认知现实世界的思维方式。知识图谱也是一种将显性知识和隐性知识融通的途径，其实质是用简单明了的可视化技术将个人拥有的各种资料、信息通过组合形式描述、演变成更具价值的知识体系的一种方法。其中的"图"指的是图示，"谱"指的是系统，图与谱合一则是知识空间与时间动态变化的统一表述。知识图谱主要用于计算机科学领域，通常以大规模知识库、互联网链接数据和网页数据为研究对象，涉及实体链接、关系抽取、知识推理和知识表示等技术在智能问答、语义搜索、个性化推荐等多个领域已有应用。

知识图谱按照面向领域的不同分为通用知识图谱和垂直知识图谱。通用知识图谱不面向特定领域，由大量常识性的知识组成，并强调知识的广度，一般应用在搜索引擎、智能问答系统中；垂直知识图谱则是面向特定领域、基于行业数据构建的，强调知识的深度，国内垂直知识图谱包括海洋知识图谱、中医药知识图谱和企业知识图谱，其他研究者从具体的问题场景出发构建了个性化知识图谱。

2.3.2　科学计量学

科学计量学是运用计量方法研究科学的数量现象的学科，它是科学的一门新分支。科学计量学研究的客体，是作为知识体系的科学和作为社会活动的科学，它的研究任务是采用统计分析、矩阵分析、网络分析、图论和聚点分析等数学工具，对科学家人数、科研成果数、科学期刊数、论文数、引文数等作精确的定量描述，从而为可靠地评估国家、机构、个人和各学科领域的科学活动水平、发展趋势和生产率，揭示科学发展的兴衰涨落、科学前沿的进展、科学对社会、经济、技术发展的影响程度，提供定量判断。简单来说，科学计量学是一门"对科学信息的产生、传播与使用进行定量分析以便更好理解某一学科科研活动的规律与机制"的学科（Jia，1997）。科学知识图谱是科学计量学的重要领域，它通过统计分析的方法，以直观的可视化的图形，揭示科学知识发展的进程与结构关系，并作为新的知识点研究方向的参考。可视化本身是将复杂数据及概念转化为符合人类容易感知的心理图像的过程，同时通过可视元素传递重要信息的，以增强对事物规律的洞察。

通过科学计量学中的科学知识图谱可视化方法，以大量重要论文作为数据统计和分析基础，以可视化的方式揭示恭维语研究的知识体系结构和研究热点，可以快速掌握恭维语研究的理论基础和研究现状。

CiteSpace 是由美国德雷塞尔大学信息科学与技术学院陈超美教授与大连理工大学 wise 实验室联合开发的科学文献分析工具。CiteSpace 是一款基于 Java 语言的可视化信息计量工具，能够显示学科或知识域在一定时期发展的趋势与动向，形成研究前沿的演进历程，在知识图谱可视化领域取得了广泛应用。因此 CiteSpace 是一种科学知识图谱软件，它不但可以针对特定知识领域的大数量文献进行多元、分时、动态的引文分析，而且可以采用多种可视化方式呈现该知识领域的体系结构和研究热点等信息。本书依据 Chen et al. (2010)、Chen（2006）的相关理论并采用 CiteSpace 针对恭维语相关文献进行可视化统计分析。

关于 CiteSpace 软件中的一些重要概念：

（1）中介中心性。中介中心性是测度节点在网络中重要性的一个指标。CiteSpace 中使用此指标来发现和衡量文献的重要性，并用紫色圈对该类文献（或作者、期刊以及机构等）进行重点进行标注。

（2）爆发性检测。突发主题（或文献、作者以及期刊引证信息等）。在 CiteSpace 中使用 Kleinberg et al.（2002）年提出的算法进行检测。

（2）引文年环。引文年环代表着某篇文章的引文历史。引文年轮的颜色代表相应的引文时间，一个年轮厚度和与相应时间分区内引文数量成正比。

第 3 章　恭维语研究现状

作为一种重要的言语行为，赞美言语行为，即恭维语，特别是赞美应答一直是社会语言学、语用学、人类学、社会学、跨文化交际学、二语教学等关注的热点问题。学者们如 Wolfson et al.（1980）、Chen（1993）、Golato（2002）、周芹芹（2010）等，普遍认为赞美是说话人对听话人表示认同或欣赏以建立良好社交关系的一种方式。

Holmes（1988）对恭维语所下的定义是，说话者含蓄或直接对听话者的技艺、所有物、特点等双方共同认可的特性表示赞许的一种言语行为。

Wolfson（1980）提出，恭维语作为语言学中极具个性的一种类别，不仅传递着特殊化的个人信息，还起到了维持社会长治久安，维系个体关系的作用，从而帮助个体更好地参与到集体活动中。

语言学家 Brown et al.（1978）提出，恭维语的核心就是在不损害自身利益的基础上，维持交流双方之间的关系。通俗地说就是保证自己面子问题的基础上，缓解紧张的气氛，从而达到人际交往的目标。恭维语使用的恰当性与说话者自身有着很大的关系，语言表达的方式，说话的形式以及说话过程中采取的策略等都是为了达到交际的目标。

恭维语不仅是一种体现礼貌规范的言语行为，更能反映出它所蕴含的民族文化特征。研究语言使用者在某个民族文化情境下如何恭维他人，以及被恭维者如何回应，可帮助我们更好地理解一个民族文化价值观、社会结构和该言语社区对语言使用功能及意义的认知（Yuan，2002）。

在科学计量法分析结果的基础上，通过对 WOS 中的重要文献和关键文献的学习和梳理，结合社会语言学研究中言语礼仪的相关理论，可以构建恭维语研究的整体框架，并对恭维语研究的现状进行更加深入的理解。恭维语研究的主要内容包括恭维语研究的方法和恭维语反应，它们是恭维语研究的重要理论基础。近年来，随着恭维语研究的不断深入，一些恭维语研究的热点也将不断凸显，如恭维语性别的研究、恭维语跨文化研究、恭维语中的语用迁移现象等，这些都丰富了恭维语研究的范围并具有很强的现实意义。

本书对 eLIBRARY.RU 中有关俄语恭维语研究的重要文献进行了知识图谱分析，得出俄语恭维语研究的整体理论架构、重要内容和研究热点，并通过对比，得出俄语恭维语研究的不足和未来研究的方向。

3.1 文献数据来源

3.1.1 Web of Science

美国科技信息所（Institute for Scientific Information，ISI）著名的科学引文索引数据库（Science Citation Index，SCI），历来被公认为世界范围最权威的科学技术文献索引工具，能够提供科学技术领域最重要的研究成果。SCI引文检索的体系更是独一无二，不仅可以从文献引证的角度评估文章的学术价值，还可以迅速方便地组建研究课题的参考文献网络。发表的学术论文被SCI收录或引用的数量，被世界上许多大学作为评价学术水平的一个重要标准。

Web of Science（WOS）是美国ISI公司基于Web开发的产品，包括三大引文库（SCI、SSCI和A&HCI）和两个化学数据库（CCR、IC），以Web of Knowledge作为检索平台。WOS是全球获取学术信息的重要数据库，WOS包括自然科学、社会科学、艺术与人文领域的信息，来自全世界近9000种最负盛名的高影响力研究期刊及12000多种学术会议多学科内容。利用Web of Science丰富而强大的检索功能——普通检索、被引文献检索和化学结构检索，可以方便快速地找到有价值的科研信息。

本书以高级检索的方式收集了WOS上1957—2017年关于恭维语研究的534篇期刊论文和会议论文。检索条件为TI＝compliment* OR TS＝compliment*，SU＝Linguistics OR Cultural Studies OR Behavioral Sciences OR Psychology。检索时间范围为1957—2017年，检索语种和文献类型为全部类型，检索结果通过人工筛查，排除明显不属于本领域的文献，初步检索结果为534篇关于恭维语的研究文献。通过WOS将检索结果以Citespace可分析的纯文本格式导出。

3.1.2 科学电子图书馆 eLIBRARY. RU

eLIBRARY. RU平台是在俄罗斯基础研究基金会的倡议下于1999年创建的，旨在为俄罗斯科学家提供以电子方式访问国外领先的科学出版物的途径。从2005年开始，eLIBRARY. RU开始使用俄语出版物，现在是世界上领先的俄语科学期刊电子图书馆。

eLIBRARY. RU是俄罗斯最大的科学出版物电子图书馆，具有非常强大的搜索功能，收录内容针对性强，只针对俄罗斯本国学术成果，内容丰富，且与俄罗斯科学引文索引（RSCI）系统相结合，可以有效评估学者的科研活动，具有权威性。可以认为，eLIBRARY. RU收录的各类学术成果无论从数量还是从质量上都基本就能够代表俄罗斯的学术研究状况。现在 eLIBRARY. RU 的使用者可以访问超过 3400 万份科学出版物和专利的摘要和全文，包括 5600 多种俄罗斯科学和技术期刊的电子版本。已注册的机构用户（组织）总数超过 2800 个。系统中注册了来自 125 个国家/地区的 170 万个人用户。每年，读者都会从图书馆收到超过 1200 万篇全文文章，并查看超过 9000 万篇摘要。

本书以关键词"статьи в журналах""книги""материалы конференций""диссертации"和"отчеты"为限定条件，在 eLIBRARY. RU 上得到了 1993—2018 年的 218 篇恭维语相关参考文献。因为 eLIBRARY. RU 不具备检索结果信息导出的功能，因此采用 Web Crawler 软件针对 eLIBRARY. RU 上这 218 篇恭维语研究文献的信息进行数据提取，数据包含题目、作者相关信息、关键词、摘要、参考文献、发表日期、文章类型、专业领域、引用量和刊物等相关信息，同时针对 962 篇被引用文献也进行了数据提取和规格化。最终这些文献数据经过清洗、规格化和匹配后生成可以被 CiteSpace 分析的数据。

3.1.3　中国知网 CNKI

国家知识基础设施（National Knowledge Infrastructure，NKI）的概念由世界银行《1998 年度世界发展报告》提出。1999 年 3 月，以全面打通知识生产、传播、扩散与利用各环节信息通道，打造支持全国各行业知识创新、学习和应用的交流合作平台为总目标，建设中国知识基础设施（China National Knowledge Infrastructure，CNKI）工程被列为清华大学重点项目。目前，中国知网是全球最大的中文数据库，涵盖的资源丰富。

（1）CNKI 主要类型有以下 3 种：

1）研究型资源。研究型资源包括期刊、学位论文、会议论文、专利、国标行标、项目成果、国家法律、地方法规、案例、年鉴、报纸、数据、图谱。

2）学习型资源。学习型资源包括各种字词典、各种互译词典、专业百科、专业词典、术语。

3）阅读型资源。阅读型资源包括文学、艺术作品与评论以及文化生活期刊。

（2）CNKI 资源具有如下特点：

1）中外文资源品种完整，分类科学，覆盖所有学科，满足学校科研教学等各方面工作需要。

2）外文题录资源合法授权，资源来源渠道稳定可靠。

3）合作的资源经过了标准化加工，实现了和 CNKI 资源的统一整合。

4）不同类型的文献资源整合，实现资源的价值互补。

5）外文资源的检索结果直接链接到原文下载页面，实现资源发现的目的。

（3）CNKI 平台具备如下功能：

1）知识发现平台：

a. 统一检索。跨库、跨语言的一站式检索，查找文献。

b. 分组和排序。检索结果的筛选和处理。

c. 跨库知网节。揭示知识之间的关联性，进行课题查新。

d. 文献分析。文献内容层面的知识关联与发现，揭示文献。

e. 可视化的知识发现。

f. 文献分享与推送。扩展平台的互动性。

g. 指数检索。发现学术热点话题。

2）学术趋势搜索。了解最新科研热点。

3）翻译助手。

4）CNKI E‑Learning。数字化学习平台。

5）引文统计分析。科研管理和评价工具。

6）学者成果库。传播学术影响力。

7）知识元搜索。帮助老师进行教学。

通过 CNKI 关于"恭维语"被引文献检索功能，总共得出相关文献总数 350 篇和总被引 1602 篇文献。使用被引文献分析功能和引证文献分析功能可以得出高被引文献（重要文献），以方便对汉语恭维语进行整体现状分析。

3.2 基于 WOS 的恭维语研究现状

3.2.1 WOS 主题和关键词共现分析

关键词在一定程度上可以反映出论文研究主题、研究方法、数据源或研究背景等内容的，可以说，检索关键词是获取文章基本信息的重要途径。

针对 WOS 534 篇关于恭维语研究的主题词和关键词进行抽取并统计，分析结果如图 3.1 和图 3.2 所示。可以从上述结果得出针对恭维语研究的主题集中体现在 compliment responses, speech act, intercultural communication, native speakers, second language, target language, data analysis, american english 等主题词上，关键词统计分析结果体现在 compliment response, english, politeness, conversation, chinese, speech act, strategy, american english, behavior 等词上。因此，可以得出 WOS 上恭维语研究的热点主要体现在针对恭维语反应 CR、言语行为理论、跨文化交流、第二语言学习、言语行为礼貌以及恭维语研究方法上。

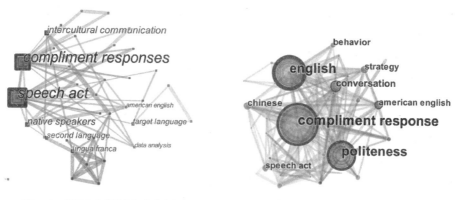

图 3.1　WOS 主题词共现分析　　　　图 3.2　WOS 关键词共现分析

3.2.2　基于 WOS 的重要文献和作者分析

研究恭维语的每一篇论文的参考文献（即共被引参考文献）会被认为具有类似研究方向，参考文献间的这种关系通过共被引频次的增加而强化，建立这种参考文献网络可以很容易看出本学科的研究方向，并且在参考网络中出现频次高的参考文献就可以认为是本学科的知识基础。

通过 CiteSpace 的共被引用分析功能的中介中心性方法，可以对关键节点文件进行确定，针对 534 篇关于恭维语论文的引文进行分析后的结果如图 3.3 所示，其中的重点文献用圆圈标注，Top 10 文献在表 3.1 列出。

表 3.1　　　　　　　　　　　中介中心性 Top 10 文献

中介中心性	文　　献
0.53	Chen R，2010，J PRAGMATICS. 42，1951
0.31	Mills S，2003，GENDER POLITENESS. 0. 0
0.28	Golato A，2003，APPL LINGUIST. 24. 90
0.18	Angouri J，2012，J PRAGMATICS. 44，1549
0.16	Lorenzo – dus N，2001，J PRAGMATICS. 33，107
0.15	Barron A，2009，INTERCULT PRAGMAT. 6. 425
0.13	Yu MC，2005，LANG SPEECH. 48. 91
0.09	Jucker AH，2009，J PRAGMATICS. 41，1611
0.09	Gardner R，2004，2 LANGUAGE CONVERSAT. 0. 0
0.07	Golato A，2005，COMPLIMENTS COMPLIME. 0. 0

CiteSpace 也可以通过被引频次确定恭维语研究的重要文献，统计分析结果如图 3.4 和表 3.2 所示。

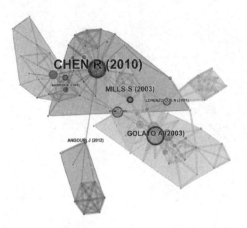

图 3.3　中介中心性分析　　　　　　图 3.4　被引频次分析

表 3.2　　　　　　　　　　　被引频次 Top 10 文献

被引频次	文　　献
18	Golato A，2003，APPL LINGUIST. 24. 90
16	Chen R，2010，J PRAGMATICS. 42，1951
15	Golato A，2002，J PRAGMATICS. 34. 547
15	Golato A，2005，COMPLIMENTS COMPLIME. 0. 0
11	Jucker AH，2009，J PRAGMATICS. 41，1611
11	Yu MC，2005，LANG SPEECH. 48. 91
10	Yuan Y，2001，J PRAGMATICS，33，271
7	Kasper G，2002，PRAGMATIC DEV 2 LANG. 0. 0
7	Lorenzo－dus N，2001，J PRAGMATICS. 33，107
7	Rees－miller J，2011，J PRAGMATICS. 43，2673

　　分析结果表明，无论是中介中心性分析还是被引频次分析，Golato A，2003、Golato A，2005、Chen R，2010、Yu M C，2005、Jucker A H，2009、Lorenzo－dus N，2001 这 6 篇关于恭维语的论文均占有重要地位。

3.2.3　WOS 爆发性检测

　　爆发性检测指的是在特定时间段内的参考文献引用数据量显著异常于其他时间段，爆发检测结果说明这些文献是在恭维语研究过程中产生了突破性研究并引起研究者的广泛关注并引用。通过使用 CiteSpace 软件针对关于恭维语论文的参考文献进行爆发性检测，统计分析结果如图 3.5、图 3.6 和表 3.3 所示。

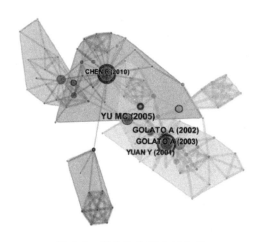

图 3.5 爆发性重要文献分析

Top 5 References with the Strongest Citation Bursts

References	Year	Strength	Begin	End	1975 – 2017
YUAN Y, 2001, J PRAGMATICS, V33, P271, DOI	2001	4.0413	**2003**	2009	
GOLATO A, 2003, APPL LINGUIST, V24, P90, DOI	2003	4.3538	**2005**	2011	
GOLATO A, 2002, J PRAGMATICS, V34, P547, DOI	2002	4.747	**2006**	2010	
YU MC, 2005, LANG SPEECH, V48, P91	2005	4.9415	**2011**	2013	
CHEN R, 2010, J PRAGMATICS, V42, P1951, DOI	2010	3.8013	**2011**	2017	

图 3.6 爆发性重要文献年代

表 3.3 爆 发 性 重 要 文 献

爆发性	文 献
4.94	Yu MC，2005，LANG SPEECH，V48，P91
4.75	Golato A，2002，J PRAGMATICS，V34，P547
4.35	Golato A，2003，APPL LINGUIST，V24，P90
4.04	Yuan Y，2001，J PRAGMATICS，V33，P271
3.8	Chen R，2010，J PRAGMATICS，V42，P1951

爆发性检测结果的 5 篇文献同样包括在中介中心性和被引用频次分析结果中。可以看出在整个恭维语研究过程中，2003—2017 年是恭维语研究繁荣的年代，最重要的爆发性参考文献在此阶段产生。

3.2.4 研究历程及其他分析

1. 研究历程

如图 3.7 所示，通过对 534 篇文献进行时间维度的共被引用关系分析可以看出，恭维语研究从 1997 年开始进入持续繁荣阶段。在恭维语研究过程中，相关研究结果互相补充和促进，共同推动了恭维语研究的进展。

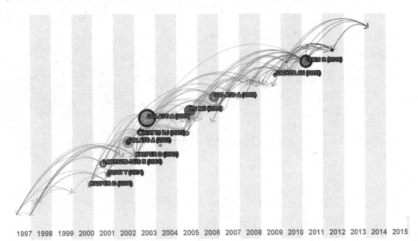

图 3.7 研究过程分析

2. WOS 恭维语研究领域和刊物分布

针对研究领域及期刊的分析结果如图 3.8 和图 3.9 所示。由图 3.8 可以看出关于恭维语的研究主要涉及的研究范围包括语言学（社会语言学）、教育及教育研究、心理学。说明关于恭维语的研究起源于语言学，并结合心理学和教育学理论，在语言学习、跨文化交流和言语礼仪中得到具体应用。

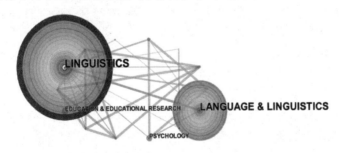

图 3.8 恭维语研究相关领域

目前，关于恭维语的研究主要涉及的期刊分布于 J PRAGMATICS（JOURNAL OF PRAGMATICS）、APPL LINGUIST（APPLIED LINGUISTICS）、J LANG SOC PSYCHOL（JOURNAL OF LANGUAGE AND SOCIAL PSYCHOLOGY）等，其中 JOURNAL OF PRAGMATICS 作为国际语用学研究的专业权威期刊，所载文章代表了语用学研究的最前沿成果，在语用学研究期刊中具有举足轻重的地位。

3.2.5　国外恭维语研究现状综述

自 Pomerantz（1978）和 Herbert（1989）以来，恭维和恭维回应受到（跨文化）语用学和社会语言学等许多领域的共同关注，研究角度包括跨语种对比（Lorenzo - Dus，2001）、性别差异（Herbert，1990）和二语习得（Cheng，2011；Wu，2016）等，涉及的语言除英、日、德、法、汉（Holmes，1988；Yu，1999；Yu，2005；Yuan，2001；Spencer - Oatey，2001；Tang，2009；Zhou，2010）以外，还包括波兰语、西

图 3.9　恭维语研究相关重要期刊

班牙语、罗马尼亚语、土耳其语（Ruhi，2006）、波斯语（Sharifian，2005）、阿拉伯语（Farghal，2001）、马来语（Othman，2011）、朝鲜语（Han，1992）和泰语（Gajaseni，1994）等，既有共时研究，也有历时研究（Chen，2010）。可以说恭维和恭维回应是涉及语种最多、研究最为充分的言语行为之一。

相应地，对一些相关基础理论知识的认知对恭维语现象的研究起到了铺垫和支撑的作用。比如，Mills 主要分析了礼貌、不礼貌和文化之间的复杂关系，Angouri 主要阐述分歧/异议的相关理论，Barron 主要研究社会因素（如地域、社会经济、种族、性别）等变化而引发语用变异的问题，Kasper 主要研究第二语言学习中的语用研究和语义研究，Gardner 的系列文章采用会话分析的方法研究自然情况下第二语言的对话文本以及第一语言对第二语言的影响，这些文献恭维语研究的进展提供了坚实的基础。

为恭维语语料数据收集方法的研究一直以来得到学者们的普遍关注。从 Kasper（2000）概括性说明了语用学研究中的数据收集方法开始，Yuan（2001）重点研究了恭维语的研究中书面 DCT、口头 DCT、现场观察和自然对话录制四类数据收集方法，继而 Golato（2003）更加系统总结分析了多种类型的恭维语反应数据收集方法及适用场景，并重点对比分析了自然对话数据收集分析 CA 和特定对话任务数据收集分析 DCT 方法在研究恭维反应之间的差异，最后 Jucker（2009）讨论了在恭维语研究场景中，直觉数据、自然数据和话语引出数据方法的适用性。在合理的数据收集方法的基础上，从不同角度对恭维语的研究才具备合理性和客观性。

1. 国外恭维语回应研究现状

恭维语反应是恭维语研究最重要的组成部分。自 1980 年开始，恭维语反应

研究受到了国内外学者的广泛关注。美国语言学家 Pomerantz 是第一个研究恭维语反应的学者，她从会话的视角分析了恭维语反应，指出恭维语不仅仅是一种赞扬行为，还是一种评估行为。据此，她将对恭维语的反应分为了用言语表达和非言语表达两大类。非言语表达的恭维语反应可以是微笑、点头或者是沉默等；用言语表达的恭维语反应可以分为接受、拒绝、避免自我表扬三类。其中，"避免自我表扬"既不"接受"，也不"拒绝"，避免了否定他人恭维的尴尬，也令被恭维者显得谦逊有礼，是一种很得体的应答方式。在 Pomerantz（1978）的研究基础上，许多学者对用言语表达的恭维语反应做出了更加细致的分类。比如 Wolfson et al.（1980）把恭维语反应大体分为接受和拒绝两大类，并第一次提出了"升级"的接受恭维语方式。Herbert（1989）对美国和南非的英语使用者进行了恭维语反应的调查，通过三年的数据收集分析，她将恭维语反应类型划分为接受、拒绝、回避和质疑（对恭维者诚意的怀疑）四类。而 Holmes（1988）对新西兰英语中恭维语的功能类别和恭维语反应的句法和词汇模式进行分析，将恭维回应策略分为接受、拒绝和回避三大类，并在每种类型之下划分了若干子类型。她的分类方法在恭维回应研究领域被公认为是最具有影响力的。

2. 国外恭维语其他维度研究

在性别对恭维语影响的研究方面，Rees‐miller（2011）对 2008 年和 2010 年在美国中西部一个小型校园中收集到的恭维语语料进行了分析，揭示了在非特定的情境（日常环境）下两性恭维语的差别。在日常环境中，服装和发型占据了女性之间恭维话题的主导位置，女性较男性更强化对外观形象的关注。男性则对运动能力方面的恭维表现出青睐，男性之间互相使用这类主题的赞美可以强化男性的阳刚之气。然而，在特定环境中，无论对于男性还是对于女性来说，对工作成就的赞美都远远超过所有其他主题。在恭维语主题方面，Wolfson（1989）和贾玉新（1997）也有过类似的论述，在量化研究的基础上他们提出，两性之间的恭维主题主要集中在"外貌，所有物"和"成就，能力"上，由于男人的社会地位或工作职位普遍高于女性，所以，女性受到的关于"成就""能力"方面的恭维要多于男性。而在"外貌和所有物"方面，情况也是如此，无论女性的社会地位和职业状况如何，对女性进行外貌上的恭维都是合适的。同时，Coates（2015）也认为，女性习惯于恭维彼此的外貌。这些研究讨论的都是同性之间的恭维言语行为，通过男人和女人的恭维主题，可以展现出男性和女性不同的性别价值观。Holmes（1988）在对从新西兰收集的 484 例语料进行研究后发现，两性之间发生恭维的概率女性远远高于男性（女—女 51%，男—男 9%，男—女 23.1%，女—男 16%），也就是说，女性比男性更加喜欢恭维，持有类似观点的学者有很多，如 Herbert（1990）、Kerbrat‐Orecchioni（1987）、

Herbert（1989）和 Wolfson（1989）。

在跨文化对比方面，很多国家的学者也对恭维语的回应做了大量研究，如 Golato（2002）的研究表明，尽管德国人和美国人都采取接受的态度回应恭维语，但美国人更愿意表达感谢，而德国人则不表达感谢。Lorenzo - Dus（2001）对英国和西班牙大学生的恭维语回应方式比较研究的结果显示，西班牙学生倾向于升级称赞，而英国学生将这种升级赞扬理解为自负或自夸。Cedar（2006）对美国人和泰国人的恭维反应做对比研究，相较于美国人的积极接受态度，泰国人喜爱用非言语形式，比如微笑予以回应。

3.3　俄语恭维语研究现状

本书采取 Python 语言编制的脚本程序针对 eLIBRARY. RU 电子图书馆关于恭维语研究文献的题目、作者相关信息、关键词、摘要、参考文献、发表日期、文章类型、专业领域、引用量、刊物相关信息等进行数据提取、过滤、标准化和存储，为能采用 CiteSpace 分析做好数据准备。

3.3.1　eLIBRARY. RU 中的重要文献及作者分析

图 3.10、图 3.11 和表 3.4 反映出的是恭维语研究参考文献网络中的重要作者及文献。可以看出排名较高的学者是：Формановская Н. И.，Иссерс О. С.，Леонтьев В. В.，Арутюнова Н. Д.，其中 Формановская Н. И.（1989）不仅阐述了言语礼仪的相关概念以及礼仪和文化传播的关系，而且具体从语言学和教

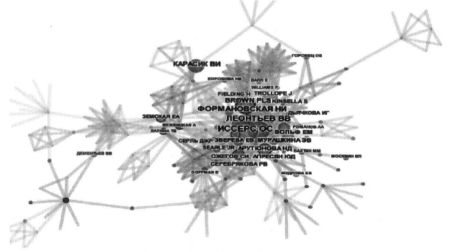

图 3.10　俄语恭维语研究重要作者

学法两个方面揭示了俄语言语礼仪特征，为恭维语研究奠定了理论基础；Иссерс О. С. （2005）从语用的角度分析了俄语交际环境中需要掌握遵守的交际策略和原则；Арутюнова Н. Д. （1988）从不同角度把语言的意义进行了分类整理；Леонтьев В. В. （2000）聚焦于把恭维语作为一种话语类型的分析。从对重要作者及文献的分析结果我们可以看出，俄罗斯学者更倾向于在理论层面将恭维语作为一种言语体裁进行分析。

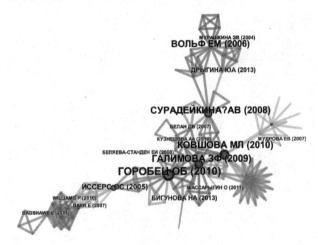

图 3.11　俄语恭维语研究重要文献

表 3.4　　　　　　　　　　重 要 文 献 前 十 名

中介中心性	文　献	中介中心性	文　献
0.44	Горобец О Б，2009	0.13	Barr E，2007
0.43	Ковшова М Л，2010	0.11	Антонова Ю А，2007
0.29	Сурадейкина А В，2008	0.08	Дрыгина Ю А，2013
0.27	Иссерс О С，2005	0.07	Вольф Е М，2006
0.25	Галимова З Ф，2009	0.07	Williams P，2010

3.3.2　研究热点分析

从图 3.12 中可以看出，大部分关键词节点都属于同一网络，没有离群点群产生，说明恭维语研究的主题比较集中，共同知识基础明确。同时可以看出热点关键词主要集中在"комплимент""речевой акт""речевой жанр""похвала""speech act""compliment"上，因此也可以得出俄罗斯语言学研究者将大部分精力放在了对恭维语本身的关注上，恭维语作为一种言语行为，它的类型，功能以及和类似言语行为的区别等引起了俄罗斯学者们更多的兴趣。

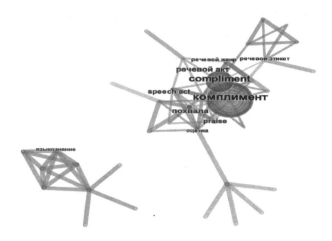

图 3.12 eLIBRARY 关键词共现分析

3.3.3 俄语恭维语的研究现状综述

俄罗斯学界对恭维语的研究起步较晚。1989 年，俄罗斯语言学家 Формановская Н. И. 在其著作中首次对俄语恭维语给予了高度的关注，并在其专著《言语礼仪与文化交往》中提出了文化交往与言语礼仪相互作用的概念，此外，从语言学和教学法两个方面研究了俄罗斯礼节的特殊性，可以说，为俄罗斯的恭维语研究奠定了理论基础。根据 Формановская Н. И. 的观点，恭维者的社会角色，包括恭维对象的社会角色，都是很重要的：一个人不仅要行动、做事，而且要根据社会角色说话。换句话说，就是他的言语行为与社会角色直接相关。

1. 恭维语策略研究

早在 21 世纪初，语言学家 Иссерс（2005）就研究了言语交流中谈话者采取的谈话策略对听话人产生的影响的问题，并分析了日常生活中人们言语互动的情景和方式，在此基础上提出了交际策略和原则。作为言语行为的一种，恭维语的使用策略也是俄罗斯学者们关注的话题，恭维技巧被放在不同的情境下进行讨论。如何在适当的场合采用不同的正确的恭维策略，被称为恭维艺术。Сурадейкина（2012）研究了在日常生活中如何有策略地自然地表达恭维，达到令被恭维者感到愉悦的目的，避免被认为是恭维奉承之嫌，比如使用贬低自己突出对方优点的方法。比如，一位部门领导对另一部门领导说："你是怎么说服老板的？我昨天可是整整用了一个小时也没有起到什么效果，而你只用了五分钟就把这事儿搞定了。"或者是夸赞与对方密切相关的事物，让对方产生联想，这样的间接恭维能够产生比直接恭维更好的效果。

Леонтьев（2001）研究了在英语文化背景下，当女性作为恭维者，在对待不同性别的恭维对象时采取的不同的恭维策略，指出女性之间进行恭维时，对外貌或者物质方面的所有物（发型，衣服，首饰等）进行称赞较容易达到交际目的，在对女性进行恭维时应当注意用词，避免引起对方的误会，文章列出了对女性恭维时正确的顺序，首先表达对被恭维者有非常良好的总体印象，即对方给自己的第一感觉非常好，然后进行具体的赞赏，解释良好印象从何而来。同时，在非正式场合中，女性对男性的恭维话题取决于男性职位的高低，如果职位相等，恭维话题可以是对方的外貌或性格，但这样的话题完全不能用来恭维职位高于自己的男性，对职位比自己高的男性领导的恭维最好选择工作能力方面的主题。

Галимова（2009）以电视谈话类节目作为研究素材，发现在对女性谈话者的正面形象构建中，恭维是一种非常有效并且典型的方式。作者通过谈话实例确立了构建女性正面形象的恭维策略，对这些策略进行了分类，且进行了比较，论述了每个策略的优点和不足。提出影响恭维策略的主要标准是：谈话目的、恭维手段和对恭维的回应。

2. 对恭维语概念和类型的研究

恭维作为一种礼貌用语本身就引起了很多俄罗斯语言学家的兴趣，因此出现了很多研究成果是对恭维语概念本身的研究，比如 Сурова（2008）就对恭维语进行了类型化的分类，她按照不同的参照物将恭维语划分成了不同的类型，比如，按照恭维者和恭维对象的关系，她将恭维语分为：针对单人的恭维、自我恭维、对在场的第三人的恭维、对不在场但对谈话能产生影响的第三人的恭维（第三人影响到了恭维者或者被恭维者的利益）。并按照恭维的指向把恭维语更加细分为了 10 类；按照恭维的向量，把恭维分为了 4 类：指示性赞美、自反性赞美、对听众的赞美、对第三方的缺席或间接赞美；按照恭维对象的数量把恭维语分为了对单个对象的恭维和对集体对象的恭维两类；同时，按照恭维的关注点把恭维语分为了若干类；并且提出了两个概念：完整性恭维，即，形式和内容上都明确而完整的恭维行为；不完整性恭维，即，虽然在内容上是恭维，但是用了其他的表达形式（开玩笑，嘲笑，讽刺，挖苦等）。

Горобец（2010）用列表对比的形式对恭维和赞扬这两种言语体裁的区别和相似处做了阐释，总结出了恭维和表扬的典型特征，更加进一步地对恭维这种语言行为做了严格精准的定义。同样，Бигунова（2013）也总结了恭维和奉承的语用学特征，对这两个易混淆的概念做了明确的区分。

3. 性别对恭维语影响的研究

1993 年，Земская Е. А. 等主持编写的《俄语在其功能上的运用》（《Русский язык в его функционировании. Коммуникативно - прагматический аспект》）一书

拉开了俄罗斯学界系统研究社会性别语言学的序幕。同时她还与 Китайгородская М. А. 和 Розанова Н. Н. 合著了《男女言语的特点》一章，从语音、词汇、情感表达手段、形象手段（隐喻、比较）、评价等几个方面对男女之间不同的语言使用特点做了翔实的语用对比分析。

　　近年来，在语言学研究中，俄罗斯一些学者把注意力集中在了男女两性对恭维语使用的差别上，Беляева - Станден Е. И. 以问卷的形式对莫斯科和沃罗涅日两个地区年龄阶段在 18～30 岁的学生进行恭维语使用情况的调查，问卷考查了以下几个方面的内容：①男女两性对恭维语的理解；②男女两性恭维语使用频率、恭维对象以及对恭维语的反应；③男女两性常用的恭维形式，通过大量数据的收集和整理，得出了较为真实的比较结果，体现了恭维语运用方面的性别差异。比如，女性较男性更加愿意对家庭成员进行恭维；男性的恭维动机是表现自己对对方的好感和肯定，而女性的恭维动机通常是带给对方愉悦感和抬升被恭维对象的心情，因此，她们较男性更加经常使用恭维语等。

　　Семенова（2017）以 18—19 世纪俄罗斯文学作品为素材，分析了不同历史时期，女性使用恭维语的特点，并且按照交际对象的性别划分，把恭维者和恭维对象分为男—女、男—男、女—男和女—女四组，总结出交际者的性别对恭维语能够产生很大的影响，作者对四组的实验结果做了比较，指出男性对女性的恭维大多是基于礼貌，更多被认为是一种传统的礼仪规范，恭维话题集中在对女性外貌的赞扬。女性对男性常常是一种表达自己对对方感兴趣的信号，男人之间的恭维比较隐晦含蓄，一般会对彼此的性格、成就进行赞扬，甚至以玩笑的形式互夸。女人之间的恭维话题与对外貌的赞扬相比，更经常的是对衣服、化妆品、首饰等一些女性所有物的夸奖。

　　Лобанова（2008）研究了德语中性别因素对恭维语使用的影响，对 200 个受访者（其中 100 个女性和 100 个男性）进行了问卷调查，目的在于观察男女两性在恭维和被恭维时的区别，调查结果不仅显示了两性之间恭维话题的选择和分布，比如女性对男性的恭维话题主要集中在能力、气质、品味和言行等上面，而男性对女性的恭维集中在外貌，服饰或是一些私人物品方面，同时他们还列举了男女之间会发生恭维行为的场合，比如说相识、庆祝某件事情、过节等。值得指出的是，本书注意到了恭维语中言语单位的使用问题，指出女性言语中更倾向于对事物细节的描述，所以更喜欢用形容词。女性在恭维语中使用形容词的频率远远高于男性（收集到的问卷中统计得出一共使用了 657 个形容词，其中 248 个来源于男性，409 个来自女性）。除了形容词，女性也十分偏爱使用感叹词，因为带有情感色彩的感叹词可以营造一种主观情感氛围，帮助女性表达自己的感情。

Леонтьев（2001）发现了男女两性对恭维语理解的不同，女人将恭维视为一种积极的礼貌的表达（即恭维的目的是营造和谐团结的交际氛围），对男人来说，恭维是一种消极礼貌的表达（即恭维是一种必须遵守的礼节），并根据男女对待恭维的不同特点分别制定了以两性为恭维对象时，不同的恭维策略。

俄罗斯语言学家对于恭维语性别方面的研究还有很多，比如《Русский язык в его функционировании. Коммуникативно－прагматический аспект》（Винокур et al.，1993），《Русский речевой портрет》（Китайгородская М. А. & Розанова Н. Н.，1995），《Лингвистические гендерные исследования》（Кирилина А. В. & Томская М.，2005）等。

众多研究表明，男性和女性在实施恭维言语方面存在着一定的差异，性别差异使得恭维语这一言语行为具有了独特的规律性，掌握男性和女性的恭维言语行为特点，可以最大限度地在两性交际中提高性别意识，更好地理解异性的言语行为，保障交际的顺利进行。

4. 跨文化对比研究

俄罗斯的很多学者以不同文化背景下恭维语的使用特点作为切入点，总结不同文化之间的异同点，从而达到跨文化交际的目的。

Серебрякова Р. В. 在他的文章《Национальная специфика комплимента и похвалы в русской и английской коммуникативных культурах》中就对在两种不相近文化背景下恭维语的使用特点做了总结，并指出在俄语交际中，最常见的是对人外貌的恭维，其次是对职业能力或者某种能力的赞扬，然后是一般性的赞扬。对才华、职业能力和对某个外貌特征的恭维使用频率相同。最少得到恭维的是首饰和名字，同时，对家庭和家庭环境的恭维也不常见。而在英语交际中对人道德和内在品质的赞扬占据大多数，然后才是对人外貌和对职业能力或者某种能力的称赞，很少会对首饰，居住环境和名字恭维。

Журавлев（2002）对俄语和法语中的恭维语进行了总结和分析，按照恭维主题把恭维语分为了 5 类，在每种类型中都在词汇和句法结构方面对俄语和法语做了比较。最后总结出，在法语和俄语中，言语单位在恭维语中的使用功能既有共同的特征，也有明显的差异。

Михальчук（2004）在俄罗斯文学作品和俄语日常交流的基础上对恭维语使用中反映出的民族文化特点做了总结，并和英语文化中的恭维语使用情况进行了对比，得出以下结论：①俄罗斯人的恭维更带有感情色彩，喜欢使用情绪化的词汇，比较而言英国人的恭维更加理性化；②俄语中的恭维语中会经常会使用一些粗俗的表达方式，被恭维者也会在某些情况下质疑恭维者的真诚，而在英语文化中恭维被认为是一种礼貌，不能对恭维表示怀疑，更不能用粗俗的形式进行恭维。

3.4　汉语恭维语研究现状

3.4.1　CNKI 主题和关键词共现分析

以知网为文献数据来源，通过科学计量分析得出的结果显示，国内学者对恭维语的研究热点主要集中在恭维应答，性别差异，文化差异、跨文化交际和应答策略这些方面（图 3.13、表 3.5）。

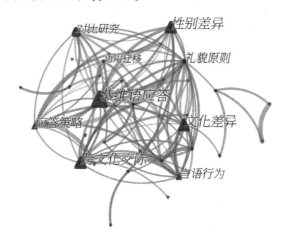

图 3.13　主题和关键词分布

表 3.5　　　　　　　　　　　关键词出现频率序列表

频率	中介中心性	关键词
61	0.22	恭维语应答
51	0.28	性别差异
48	0.26	文化差异
47	0.33	跨文化交际
37	0.18	应答策略
33	0.13	礼貌原则
31	0.12	言语行为
23	0.44	对比研究
15	0.01	语用迁移
8	0.03	语用能力
7	0	语用失误
6	0	社会功能

频率	中介中心性	关键词
6	0.01	英语
5	0.01	汉语
5	0	年龄
4	0	商务谈判
4	0.09	话题
4	0.02	隐性恭维语
3	0.18	语用

我国学者对恭维言语行为的研究相较于国外来说，开展得比较晚。主要可以划分为2个阶段：20世纪90年代以前，国内的学者主要是推介和探索言语行为理论，通过介绍国外的研究成果，加以辅助汉语语料，开展对汉语本身的研究以及汉外对比分析。20世纪以后随着跨文化交流的逐渐深入以及对不同语言文化的研究，学者们对言语行为的研究进入了一个新的阶段：转入到了结合理论展开对语言材料的具体分析。

3.4.2　国内恭维语研究现状

随着礼貌理论在语用学研究中的地位越来越重要，其受到的关注越来越多，礼貌言语行为也逐渐引起了语言学家的重视。从20世纪80年代开始，我国学者们开始注意对礼貌言语行为的研究。

近年来，在国内语言学界包括祝愿、祈使、承诺、拒绝、道歉、劝告、警告和抱怨等语言行为已经展开了深入研究，对恭维言语行为研究相对较少，且主要集中在英语恭维语的研究领域。

国内对恭维言语行为的研究主要是英语、汉语、汉外对比分析，选择的研究角度多种多样：

（1）从社会语言学角度研究影响恭维言语行为的因素，如性别、年龄、受教育程度、社会地位和社会关系亲疏等。

（2）从语用学角度研究恭维言语行为，采用了礼貌原则、合作原则及面子理论等，从恭维的表现方式、恭维应答的异同分析中进行跨文化对比。

（3）从跨文化角度研究恭维言语行为，如对外汉语、外语学习、对外贸易合作与交流中产生的语用失误、交际失败和语用负迁移等现象，分析产生原因并提出解决方法。

（4）对特殊情境中的恭维言语行为进行细致研究，如女性恭维语、外交恭维辞令、电影和文艺作品中的恭维语等，寻找出适应外语学习、对外汉语的合适教学。

　　国内最先对恭维语展开深入研究的学者邹为成（1990），他在明确恭维语行为机构的基础上，提出了英语恭维语应答的一般类型。为了研究不同语言文化环境中，恭维语回应方式的不同，Chen（1993）用 DCT 的方法研究了在汉语为母语的中国人和以英语为母语的美国人面对恭维语反应的不同，发现中国人和美国人采用了大不相同的恭维语回应策略：美国人的策略大部分符合 Leech 的"一致准则"，而中国人采取的策略则更加符合"谦虚准则"。

　　Ye（1995）通过不同的性别分析恭维语使用的差异性。他将现阶段汉语恭维语分为三类：修正性接受、不接受以及接受。此外，他还明确性别的差异会导致恭维模式的不同，其中存在的联系并没有详细说明。虽说研究主体是性别差异对于恭维模式的影响，在研究过程中需要掌握大量的外部信息，会涉及诸多的社会因素，并不是单纯的性别研究。

　　冯江鸿（2003）结合 Holmes 对与英语恭维语言的研究成果，对比分析了在汉英两种语言文化环境中恭维语使用情况的异同，明确了在不同文化中恭维语无论是从形式上还是从内容上，都存在较大的差别。性别差异也是造成恭维语使用情况不同的重要因素。与女性相比，男性使用恭维语更多是基于评价目的的考虑，倾向于赞扬；而女性使用恭维语大体是用于情感交流，在使用目的上存在着本质上的区别。

　　随着全球各民族之间文化互相影响的不断加深，人们对于礼貌标准的认知趋于一致，社会交往的言行举止差异性逐渐缩小，共性逐渐增大。在此基础上，语用迁移现象变得越来越普遍，不仅在跨文化交流领域发生语用迁移，在不同年龄段和社会阶层的人们的语言中也会出现语用迁移现象。

　　贾玉新（1997）是在 Wolfson N. 和 Herbert R. 调查数据的基础上通过调查研究发现，汉语恭维语也是高度程式化的，与英语恭维语极为相似。他仔细地调查了 80 名不同层次的中国人的恭维语使用情况，将恭维语应答分为：①非同意应答语，具体包括不同意、请求解释、贬低、怀疑；②同意应答语，包括接受、非接受等，并从语义结构、反应策略、恭维话题以及功能等其他方面对英汉恭维语进行了对比研究。此外，还对比研究了处于不同年龄阶段的中国人对恭维语的使用情况，以及对跨国性的恭维语使用情况进行了深入的调查，主要目的就在于明确英汉恭维语使用过程中语法结构以及语义结构之间的异同处。

　　魏耀章（2001）在贾玉新的基础之上，采用田野观察的调查法，从恭维的话题和句法形式两个维度对性别差异对恭维语使用情况的影响做了进一步的深入研究。

　　同样，于明忠以恭维语为例研究中西跨文化交际的问题，采用 DCT 方法对中国英语学习者（台湾）和以英语为母语的美国学生的言语行为进行了对比，发现即使是中国英语学习者，在回应称赞时，仍然采取较为普遍的谦虚策略，而英语为母语的美国学生则极少使用直接拒绝的言语策略，并提出汉语中的 6 类恭维语回应策略，其中具有中国特色的是面子策略。

席于霞（2009）研究表明，西方人面对对方的恭维时，总是欣然接受，在保全对方面子的同时，还能够补充说明自己的真实看法；而中国人在面对恭维的回应时关键的因素是要强调自己谦虚的美德，而对恭维内容是否符合事实并不十分关注。

"您这么说我很惭愧"是面子策略中的常见表达，这一表达反映出说话者不知如何恰当地回应恭维，因此只能在受到对方的称赞的同时，表达自己谦虚有礼的品格。

语言是民族文化特征的直接反映，言语行为的差异是特定文化价值差异在语言中的体现。陈融、席于霞和于明忠的研究体现了东西方文化之间存在的较大的差异，中国英语学习者在回应称赞时，受母语所代表的文化影响较大，采取谦虚的策略较为普遍，而英语为母语的美国学生则受西方文化影响较大，认为拒绝别人的称赞是粗鲁的。在跨文化交流中，对恭维语的正确理解及合理反应体现了对对方文化的尊重和理解，这也是促进了跨文化交流的关键。

语用迁移是指人们在使用第二语言中，习惯于借助母语的思维方式来表达思想这样一种现象。如果母语的规则与使用外语的一致，则母语的迁移对外语学习产生积极影响为正迁移，反之，则为负迁移。语言迁移可以用来解释历史上不同民族之间因文化交流而产生的语言使用习惯发生改变的现象。在恭维语研究中，用语用迁移现象来解释由于文化接触使得某个民族在使用恭维语方式上发生的变化也是当前恭维语研究的一个热点。

语言是动态发展的。中国传统文化把谦虚作为一项重要的品质，因此早期的研究表明中国人在面对恭维时，更多的是使用拒绝策略。1993 年陈融对西安人恭维语回应的研究证实了这一点，高达 95.73％的中国人使用了拒绝策略。

随着社会的发展，尤其是改革开放以来，中西文化的交流越来越深入，中国人在恭维语回应策略的选择上也发生了显著的改变。陈融、杨达复在西安用同样的统计工具，对相似的调查对象做了重复性研究，结果表明 7 年之后，人们不再拒绝他人的恭维，接受恭维的人群达到了 62.6％，面对恭维，人们不再是普遍拒绝反应，大部分人的反应为同意或是感谢。究其原因发现其研究的环境是中国著名的旅游城市西安，在这里聚集了来自世界各国的游客，东西方文化碰撞频繁，西方世界的思维习惯和行为方式在很大程度上影响了中国人的礼貌习惯，其中也包括了人们在面对恭维语时的反应，并由此产生了恭维语语用的迁移现象。同时，国内学者程冬梅对英语母语者和中国的英语学习者的对比研究显示出了同样的结果，各组参与者都更加倾向于接受他人的恭维，尽管英语学习者在使用多样的回应策略上存在着问题。

自从恭维语研究成为言语行为研究热点以来，国内学者，如 Yuan（2001）、王书亭、雷虹（2010）、李先进（2009）、周芹芹（2010）等对汉语恭维回应行为也开展了一系列的量化实证研究，证明汉语恭维回应策略因为外来文化的影响趋向于接受策略，也就是说恭维回应者越来越多地从谦逊准则转向一致准则（Leech，1983），从拒绝准则转向接受准则。

本书通过介绍 WOS，eLIBRARY. RU 和 CNKI 三个在英语、俄语以及汉语学界具有代表性的文献数据资源库，并利用科学计量学的研究方法对英语和俄语恭维语研究相关文献进行可视化图形分析，展示了英语和俄语学界恭维语的研究热点以及发展趋势，同时，对汉语文献中的恭维语研究情况进行了全面的综述。可以看出，近几年来，俄汉恭维语对比的研究主要有以下几个视角：

（1）跨文化交际视角下的恭维语研究。在汪方方（2010）的硕士论文《多维视野中的俄汉恭维语对比研究》中，借助表格从多个角度，如句法结构、词汇构成、对象、情景、发生话题等方面对比中俄恭维语，并指出了造成差异的文化动因。同样视角的恭维语对比研究还有梅德韦杰娃·克里斯蒂娜（2012）的《汉俄恭维语对比研究》等。

（2）社会语言学视角下的恭维语研究。也就是研究影响恭维语使用的社会因素，如性别、年龄、社会地位、教育程度等。在硕士论文《俄汉恭维语的社会性别对比研究》中，黄媛（2012）从社会性别语言学出发，探索了不同语境下俄汉日常恭维语中的异同。同样视角的还有周民权（2013）的《俄汉恭维语的社会性别语用对比研究》等。

（3）某些交际环境中的恭维语研究。近年来，有些学者将俄语恭维语放到某种特殊的交际环境中研究，特别是商务交际。如胡延新（2012）在《跨文化商务交际俄语》一书中，描述了商务交际中俄语恭维语的使用方法，并列举了大量商务交流中的例子。

（4）语用学视角下的恭维语研究。也就是根据语用原则研究恭维语以及恭维语的应答、语用迁移等。语用视角下俄语恭维语的研究引起了很多学者的兴趣，是现下俄语恭维语研究的基本趋势。在周丹丹（2006）的硕士论文《俄汉恭维语之语用对比分析》中对俄汉恭维语进行了对比，并从语用学的角度出发对恭维语的使用和功能进行了详细分析，对俄汉恭维语在语用策略的选择上提供指导。同样从语用学视角出发的恭维语研究还有王琳（2015）的《俄汉恭维语的语用对比研究》、杨志刚（2013）的《俄汉恭维言语行为对比研究》等。

以上分析可以看出，目前在汉语学界俄汉恭维语的对比研究还非常有限，在汉语语境下研究俄语恭维语回应策略并进行文化对比的研究几乎没有。而且，目前俄语恭维语的研究主要从语用学的言语行为理论入手，虽已逐渐涉及中俄跨文化对比，但还仅限于表层的描述，语料比较封闭，多依靠文学、影视作品或者观察所得，这直接影响了研究结果的解释力和实用性以及可信度。因此，本书是基于语用学中的言语行为理论、礼貌理论，从社会语言学视角出发，以俄语国家语料库的真实对话语料为基础，采用语料标注的方法，对语料分类加工后进行定量分析，在前人研究的基础上，对俄语语言文化下的俄语恭维语回应类型再次分类。并且，从谈话者性别和恭维主题两个社会学因素方面定量分析俄语恭维语的使用状况。从实验数据总结对比俄汉语言文化的异同点，具有一定的社会现实意义。

第 4 章 俄语恭维语语料库的构建

相对于国际上形式多样的语料收集手段来说，在俄罗斯学界对恭维语的研究中，学者们收集语料的主要方式是问卷调查（Лобанова，2008；Беляева-Станден，2006 等）和文本分析方法（文学作品、大众传媒作品等）（Семенова，2017；Морозова，2009），其研究方法略显不足。而从表 2.1 的展示中可以看出，自然语料收集方法中的语料库方法可以快速、全面、客观和方便地检索收集语料，可以为俄语恭维语研究提供丰富并且具有代表性的对话实例，因此本书采用语料库语言学的研究方法，其原因如下：

（1）语料代表性强。语料库中收集的文本都是从语言实践活动产生的大量文本中提取出的样本，在收集这些样本的过程中语料库建设者保证了这些语料能够代表具体语言的使用特点。比如语料库语料文本涉及各个学科领域、各种文本题材、各种语言场景、各种语言交流形式等。使用者可以按照统计原理随机地、均衡地、系统地从不同类型文本中抽样，保证了语料的代表性。

（2）语料规模大。现代语料库的规模一般都很大，俄语国家语料库的规模将达到一千万词次，其包含的语料完全可以覆盖俄语恭维语的各种使用场景。

（3）语料真实度高。语料库注重对自然语料的收集，可信度高。语料库中存放的是在语言的实际使用中真实出现过的语言材料。无论在媒体报告中、文学作品中或是口语实践中，由于语言使用者没有被给予任何任务，是在完全自然的状态下说话，说话者的主观判断不受任何客观因素影响，所以，应该认为，语料库采集的语料在很高程度上能够反映出说话者真实的意图，是可以相信的实验资源。

（4）检索方便。语料库存储的电子形式的文本通常按照一定的标准格式形成特定数据模型，并可利用计算机的强大检索、排序和显示功能进行处理。同时语料库为使用者提供合适的检索工具及检索系统，使用者依据需求按照不同的搜索条件，可以快速方便地在语料库中找到所需的语料资源。例如本书的研究对象是恭维语，这个语言现象的表达形式虽然灵活多样，但是也具有非常明显的特征，比如多会使用正面色彩的词汇，也有一些固定的表达，比如"у кого + прил. + сущ.""лич. мест. + прил.""лич. мест. + нареч + глагол"等。在搜索恭维语料时，使用者可以通过自定义格式形成搜索条件，在语料库中找到大量有用的语料。

4.1 俄语国家语料库

俄语国家语料库是俄罗斯国家级权威语料库，旨在为从事俄语研究的语言学家以及对俄语感兴趣或者学习俄语的本国人和外国人提供丰富的、纯正的俄语语言素材，语料库较多应用于研究和教学领域。俄语国家语料库的语料内容涵盖了19世纪初到21世纪初这一历史时期，包括经典文学作品和现代俄语口语文本。语料库既收集具有文化价值的原创俄语文学作品（散文、剧本、诗歌），也收集语言方面令人感兴趣的翻译作品。除了文学作品，语料库还收集了大量回忆录、随笔、政论文、科技和科普作品、演讲、私人信函、日记、文件等书面语和口语文本。可以说，俄语国家语料库在推广俄罗斯文化，发展完善现代俄语以及指导俄语语言学研究方向等方面起到了巨大的作用。

俄语国家俄语语料库由多个子语料库构成组成。其中，"基础语料库"可以被认为是整个国家语料库的核心部分，它囊括了俄罗斯19世纪和20世纪的文学散文（包括艺术类和非艺术类，以及书面用语和口语）。一般来说，基础语料库可以满足使用者查找一般语料的要求，其他子语料库则分别可以满足不同使用者对文本的特殊要求。本书的语料主要来源于"基础语料库"。

4.2 基于俄语国家语料库的恭维语子语料库构建

4.2.1 俄语恭维语语料检索方法

俄语国家俄语语料库的检索方法分为精确查询和高级查询两种模式，其中高级查询中词汇-语法查询方法能够查询到更多形式不确定的语料，相对来讲，使用频率更高。本书对恭维语语料的检索以精确查询和高级查询两种模式为基础，结合恭维语对话语料自身特点设定了具体的搜索条件。

1. 按照恭维语表达特点检索

因为恭维语场景存在多样性，恭维语的言语使用方式较为灵活，无法通过某个具体词汇进行检索，进而造成了对恭维语料搜集比较困难。针对这个问题，本书确定了恭维语的一般使用特征，首先，恭维通常是以对话的形式进行；其次，恭维语的指向性很强，一般是直接指向交谈对象，所以在句子里会经常出现"你/您/你们"这样的指示代词或者是"你的/您的"这样的物主代词；然后，恭维语本身就是对他人的赞赏和肯定，用词较为正面、积极；最后，因为多是对对方某种特征或行为的赞扬，在恭维语句中多会出现具有正面色彩的形容词或副词。

按照恭维语表达特点检索，是指用一些不具有特指含义的正面意义词汇或句式进行搜索，比如 молодец，умник（ца），хороший，тебе（вам）идёт…，мне нравиться…，я люблю… 等，其优点在于对搜索主题和场景没有任何限制条件，可以最大程度地找到相对全面的恭维语料，但是这种收集方法的缺点也十分明显，由于关键词具有广泛的适用性，不一定只在恭维语中出现，所以查找起来费时费力，工作量很大，且效率不高，有效语料相对于实际语料的数量会比较少。

2. 按照恭维语主题检索

按照恭维语主题检索是指按照恭维可能涉及的话题，有针对性地收集，按照 Holmes J（1988）对恭维主题的分类，恭维话题可能涉及 5 个方面，即外貌、能力、性格、家人以及财产所属物。本书对恭维语话题的分类采用了汪方方（2010）的分类方法，将恭维语话题分为服饰、外貌、性格、特长、工作成就、子女、家庭其他成员、财产及所有物 8 大类。并且将最能够体现话题特征的词确定为关键词，再附加具有正面含义的形容词或者代词进行搜索，这种搜索方式最明显的好处就是语料覆盖了恭维语可能涉及的所有话题，因为话题内容具体，所以比较容易查找，且效率较高，可找到的有效语料比较多。缺点是，由于语言的表达形式是千变万化的，关键词的选取上可能存在片面性，这样也会导致语料的数量有所局限。

本书采取了两种语料检索方法相结合的方式，该方式具有以下优点：

（1）照顾到了语料的全面性，能够收集到一些关键词不明显，但内容上具有明显赞扬倾向的恭维语。

（2）虽然在阅读大量恭维语文本的基础上，本书列出了经常涉及的恭维主题，但是并不能代表全部主题，使用具体含义不明显，且具有普遍概括性的词或短语进行查找的目的就是尽可能找到较为全面的恭维主题，能够保证涉及的恭维话题比较全面。

（3）能够客观直观地看出俄语恭维主题的分布情况。

（4）按照恭维语表达特点检索的方式保证了一些无法明确界定主题或者是在这八大类主题之外的恭维内容也能够被收集到。总体上提高了收集的效率和语料的数量，便于后期的分析。

4.2.2　俄语恭维语语料检索具体过程

1. 按照恭维语表达特点检索语料的具体过程

本书把搜索范围确定在基础语料库（основной корпус）和口语语料库（устной корпус），根据恭维语的使用特征，选取了一些具有代表性的关键词或句子结构（如 молодец，мне нравиться…，прекрасно，хороший 等）运用通配符（＊）扩大搜索范围，并通过多词组合的方法进行语料的查找，具体过程及结果如下所述。

（1）搜索条件：

вы ｜ ты

на расстоянии 1 от прекрасн * ADV ev：posit ev：posit

на расстоянии от − 1 до 1 от V

Найдено 378 документа，456 вхождений.

其中经过查错、排重后符合分析要求的语料 52 条。

（2）搜索条件：

ты ｜ вы

на расстоянии от 1 до 5 от A ev：posit

на расстоянии от 1 до 10 от комплимент

Найдено 14 документов，14 вхождений

其中经过查错、排重后符合分析要求的语料 7 条。

（3）搜索条件：

ты ｜ вы

на расстоянии от 1 до 5 от молодец

Найдено 828 документа，1382 вхождений.

共找到 828 个文献，1382 条语料，其中经过查错、排重后符合分析要求的语料 64 条。

（4）搜索条件：

я ｜ мне

на расстоянии 1 от люб * ｜ нрав * V

на расстоянии от 1 до 10 от тво * ｜ ваш *

Найдено 333 документа，408 вхождений.

其中经过查错、排重后符合分析要求的语料 9 条。

2. 按照恭维语主题检索语料的具体过程

本书对恭维语的主题共分了 8 类，基本涵盖了可能涉及的所有话题类型，如果语料内容不属于已被区分的话题类型，就被算作是"其他"。按照每一类话题的主要内容，本书选取了相应的关键词，进行具有针对性的搜索。收集过程及结果如下：

（1）恭维话题：孩子。

搜索条件：

ваш * ｜ тво *

на расстоянии от 1 до 2 от сын * ｜ дочка ｜ дети

на расстоянии от 1 до 3 от A ev：posit ev：posit

Найдено 84 документа, 91 вхождение.

其中经过查错、排重后符合分析要求的语料 11 条。

（2）恭维话题：财产及所有物。

搜索条件：

вы │ты на расстоянии от 1 до 5 от богат * A

Найдено 823 документа, 1 143 вхождения.

其中经过查错、排重后符合分析要求的语料 7 条。

（3）恭维话题：外貌。

搜索条件：

вы │ты на расстоянии от 1 до 2 от выгляд * V, (sg │pl)

на расстоянии от − 3 до 8 от красив * │прекрасн * │замечательн * （A │ADV）& A ev：posit ev：posit

Найдено 29 документов, 31 вхождение.

其中经过查错、排重后符合分析要求的语料 18 条。

（4）恭维话题：服饰。

搜索条件：

ты │вы на расстоянии от 1 до 2 от оде *

на расстоянии от − 3 до 5 от ADV ev：posit ev：posit

Найдено 82 документа, 84 вхождения.

其中经过查错、排重后符合分析要求的语料 13 条。

（5）恭维话题：能力及特长。

搜索条件：

ты │вы на расстоянии от 1 до 2 от способн * │знающ * │могущ *

на расстоянии от − 3 до 5 от S ev：posit ev：posit

Найдено 233 документа, 264 вхождения.

其中经过查错、排重后符合分析要求的语料 43 条。

（6）恭维话题：家庭及家庭成员。

搜索条件：

ваш * │тво * （nom │gen │loc │loc2）

на расстоянии от 1 до 2 от семья │дом * （nom │gen │loc │loc2）

на расстоянии от 1 до 5 от A ev：posit ev：posit

Найдено 120 документов, 130 вхождений.

ваш * │тво * （nom │gen）

на расстоянии от 1 до 2 от родители │брат │сестра │S, (sg │pl)

на расстоянии от 1 до 5 от A ev：posit ev：posit

Найдено 113 документов, 124 вхождения.

вы|ты（gen|gen2）

на расстоянии от 1 до 2 от муж|жена nom

на расстоянии от - 3 до 3 от A ev：posit ev：posit

Найдено 60 документов, 62 вхождения.

其中经过查错、排重后符合分析要求的语料 39 条。

（7）恭维话题：工作成就。

搜索条件：

вы|ты на расстоянии от - 3 до 8 от ADV ev：posit ev：posit

на расстоянии от 1 до 2 от работа * V，（praes|praet）

Найдено 79 документов, 84 вхождения.

вы|ты на расстоянии от - 3 до 3 от（A|ADV）& ADV ev：posit ev：posit

на расстоянии от - 3 до 8 от работа S，（loc|loc2）

Найдено 49 документов, 50 вхождений.

其中经过查错、排重后符合分析要求的语料 39 条。

（8）恭维话题：性格。

搜索条件：

вы|ты（gen|gen2）на расстоянии от 1 до 3 от A ev：posit ev：posit

на расстоянии от 1 до 2 от характер

Найдено 16 документов, 16 вхождений

其中经过查错、排重后符合分析要求的语料 11 条。

4.2.3 俄语恭维语语料库构建

本书研究如何基于俄语国家语料库建立俄语恭维语对话子语料库，但俄语中的恭维语对话较难限定，而语料库中并没有针对对话形式语料的特殊标注，所以在俄语国家语料库中按恭维语表达特点和主题检索法得到的原始语料并不能直接使用，而需要进行整理。

1. 查错、排重

检索后的原始语料有很多不属于真实恭维对话，所以首先需要查错，剔除非恭维语语料；通过两种不同语料检索办法得到的恭维语语料虽然侧重点不同，但是汇合到一起以后难免会有重复，因此需要排除重复的语料，以保证所得到的每条语料都是唯一的。经过条件检索后，一共收集到 4339 条语料，经过查错、排重步骤后形成 309 条俄语恭维语生语料库。

2. 加工、标注

恭维语生语料库经过加工和标注步骤成为熟语料库后，才能形成标准化格式，被统计工具进行分析。加工过程是指将恭维语原始对话语料经过裁减后形成固定格式的对话场景，又称为语料规范化过程；标注过程是指将已经规范化的恭维语语料按照研究目的进行必需的特性标注，以方便进行统计分析。在本书里，研究的关注点集中在恭维语反应、恭维语主题、性别对恭维语主题选择的影响、恭维语反应和恭维主题的关系这几个方面，相应地，应该从以下几个方面对恭维语语料进行标注，最终形成恭维语熟语料库。

（1）恭维语反应标注。不同于以往学者们的分类方法，本书把恭维语反应分为"直接接受""间接接受""直接拒绝""间接拒绝"和"回避"5 种类型，并且认为非言语反应（表情和肢体语言）不仅能够表达被恭维者的态度，而且应当被算作是一种重要的恭维反应类型。所以，在 5 种反应类别下又根据恭维答语内容的不同区分了 15 种子类型，分别是

- 感激（благодарность）
- 同意（согласие）
- 升级（преувеличение）
- 降级（ослабление）
- 解释（обьяснение）
- 回敬（возвращение）
- 请求确定/重复（просьба повторить или уточнить）
- 非言语同意（невербальное соглашение）
- 不同意（несогласие）
- 指称转移（перенаправление）
- 质疑（сомнение）
- 非言语不同意（невербальное несогласие）
- 重新阐释（переосмысление）
- 无视（не обращать внимание）
- 非言语回避（невербальное избегание）

为了便于整理，我们把每一条语料替换成相对应的反应类型，然后用统计工具进行分析。

（2）恭维语主题标注。按照实际生活中人们对恭维语的使用状态，本书在前期学者研究的基础上，认为恭维语主题主要涉及 8 个方面，它们分别是

- 服饰（одежда）
- 外貌（внешний облик）
- 性格（характер）
- 能力及特长（особые преимущества）
- 工作成就（успехи в работе）

- 孩子（дети）
- 家庭及家庭成员（семья и другие члены семьи）
- 财产及所有物（имущества и обладаемые вещи）

所列出的恭维主题基本上能够完全覆盖真实语言应用中语料涉及的所有主题。同样，每一条语料都被相应的主题替代，以便于统计数据和分析实验结果。

（3）恭维语使用者性别。经过查错和排重步骤后的生语料库全部都是包含有俄语恭维语的对话，在语料库的有些语料会直接在文本中表明对话者的性别，但由于俄语语法结构的独特性，大部分文本都可以通过阅读对话内容得知谈话人的性别。在进行标注时，通过以下四种标记来区别恭维语的指向，为研究性别对恭维行为的影响做好铺垫：

- 男——女
- 女——女
- 女——男
- 男——男

在本章中，我们首先简单介绍了语言数据的基本类型，以及在语言学研究中经常被学者们采用用来收集语料数据的方法，总结了这些方法存在的优点和不足。然后从多维度对不同数据收集方法进行评价，将多种语料收集方法的特点直观地展示出来。通过比较分析，本书认为运用语料库收集的数据具有广泛代表性，适合对语言现象的一般特征进行研究，结合该项研究的具体课题，我们决定选择语料库语言学作为基本研究方法，并且以俄罗斯国家俄语语料库作为语料的基本来源。

为了在俄语国家语料库上检索出有效的恭维语语料，本书分析了恭维语的基本特点，并根据这些特点制订了两种检索方法：按照恭维语表达特点检索和按照恭维语主题检索，将两种方法结合使用，一共得到 4339 条语料。在初步检索结果的基础上，通过对语料的差错、排重、规范化和标记整理过程，总共整理筛选出 309 条有效语料。这些语料不仅确保了所得语料的全面性和客观性，也在俄语国家语料库的基础上形成了自己的恭维语子语料库。

第5章　俄汉恭维语句式对比

5.1　俄语恭维语常用句式

杨志刚（2013）在其硕士论文《俄汉恭维言语行为对比研究》中指出，俄语恭维语在句型结构上具有高度程式化的特点。根据句子的成分，可将俄语恭维语分为名词谓语句、形容词谓语句、动词谓语句和非主谓句四种类型。

（1）名词谓语句。这类句子由主语（一般为人称代词或称呼语）和名词性词语充当的谓语构成，通常情况下，谓语成分是由带有鲜明的恭维性词语构成，例如：

1）Тусенька, ты очень умненькая и развитая девочка. （Маринина А. 《Тот, кто знает》）图先卡，你是非常聪明也很成熟的女孩。

2）Ты такой талантливый, умный, лучший из всех теперешних писателей… （Чехов. 《Чайка》）. 你如此有天赋、如此聪明，在当代作家中鹤立鸡群……

3）Конечно, ты необычный человек. Твои знания огромны, а искусство находить необычные выводы поразительно. （Росоховатский И. 《Командир》）当然，你不是一般人。你的知识渊博，而艺术让不寻常的结论更为惊人。

4）Танюха - женщина, настоящая женщина… Удивительная женщина. （Комаров А. 《Зебра》）塔纽卡是个真正的，让人感到惊诧的女性。

（2）形容词谓语句。这类句子由主语和形容词性词语充当的谓语构成。由Какой（Какие），Такой（Такая）和Как 等前导词引导的语句，是俄语恭维言语行为十分常见的表达方式。

1）Ты такая добрая, отзывчивая! （Розов. 《Вечно живые》）. 你可真善良，真是宽容大度。

2）Как она была хороша, как необыкновенно красива! （Алешкин П. 《Русская трагедия》）她可真好，她太美了！

3）Ты красива, и к тому же в его вкусе… （Щемелинин К. С. 《Я》）你很美，而且还符合他的品位。

（3）动词谓语句。由主语和动词充当谓语构成的动词谓语句，在俄语恭维言语行为中出现的频率也十分高，主要用于恭维受话人的举动、行为等出色之处，例如：

1）С работой она справлялась не хуже мужиков, не знала жалости ни к себе. （Вересов Д. 《Крик ворона》）她工作起来丝毫不逊色于男性，从不抱怨。

2）Улыбаешься ты как - то особенно симпатично. （Чехов. 《Слова, слова и слова》）你笑起来特别可爱。

（4）非主谓句。非主谓句是由单个词或主谓短语以外的其他短语构成的单句。俄汉恭维言语行为经常用这种形式的语句表达，例如：

1）Толя, Как ты возмужал! И сколько орденов! （Бондарев Ю. 《Юность командиров》）托利亚，你可真长大了！看你有多少勋章啊！

2）Что за девушка! 多好的女孩！

3）Молодец! 真棒！

根据俄语恭维语的语气及其表达的恭维内容，俄语恭维语主要以陈述句和感叹句两种句式为主，例如：

（1）陈述句。陈述句用来讲述或说明某一事实或情况的句子。而恭维是对于他人的一种赞赏和肯定性评价，因此属于肯定性的陈述句，利用平而略降的语调，阐释对受话人的恭维意图，例如：

1）Ты мне нравишься: умен, образован, предприимчив, дорогу другим не переступаешь. （Доценко В. 《Правосудие Бешеного》）我很喜欢你：既睿智，有素养，又有进取心，也从不逾越。

2）Ты самая гостеприимная. （Минчин 《Радуга》）你真是热情待客的人！

3）Вы так хорошо поете, вас так приятно слушать, что никогда не наскучит. （Писемский 《Тюфяк》）您唱得真好，以至于我们百听不厌。

（2）感叹句。感叹句是用来抒发感慨和表达自己的观点，并起到增强话语内容和强调作用的语句。感叹句是最常见的俄语恭维语的表达形式，例如：

1）Дочь, увидев меня, всплеснула руками: Ты помолодела на десять лет! （Кравцова А 《Фотосессия》）女儿看到我，拍了一下手，说："你年轻了10岁！"

2）Классная у тебя стрижка! . Стрижка тебя молодит. （Вильмонт Е 《Триполуграции, или Немного любви в конце тысячелетия》）你的发型不错！发型让你显得年轻些。

俄语恭维语也经常以无人称句的形式表达，主要用于表达恭维者或被恭维者的自我感受，这也是较为常见的俄语恭维语的类型，例如：

1）С тобой приятно беседовать. （Арбузов 《Иркутская история》）很高兴与你交谈。

2）Хорошо у тебя, уютно. И вообще у вас квартира хорошая, большая такая, никто никому не мешает. （Маринина А 《Тот, кто знает》）我喜欢到你家来。你家里一直都那么整洁、舒适和安静。

5.2　汉语恭维语常用句式

汉语中的恭维语以间接恭维较多，表达形式多样，一般较为隐晦，且秉承中国传统文化中"贬己尊人"的处世理念，尽量抬高对方，把自己放在陪衬的位置，多使用结构较为复杂的比较复合句，比如"您……，而我与您相比就……"，或者为了凸显对方的重要性，强调对方对自己的帮助和表达自己的感谢之情，也会使用假设句式来间接恭维对方，如"要不是……，就……"，以这种句式恭维对方最大的优势在于表达受话人在说话人取得成绩过程中所发挥的不可或缺的作用，不仅达到了取悦对方的目的，还能够加强"共情效应"，令对方产生"自我认同感"。

俄语中的恭维语绝大多数情况下是一种程式化的礼仪行为，没有很多的附加含义，经常被看作是一种特殊的招呼形式，内容空泛且直接，"мне нравится＋名词"和"名词＋очень（гаразд）＋形容词（副词）"等类似简单句型在俄语中较多出现，简单明了直奔主题是俄语恭维语的特点，单纯表达恭维者对被恭维者的客观感受。但在汉语言文化中，恭维被赋予了言辞之外的含义，人们通常会从恭维的内容和表达形式上来判断交际双方的关系和恭维者的诚意，甚至是揣测恭维的目的。过于简单直白的恭维话语会被判断为不真诚、敷衍的体现，过于夸大其词或者拐弯抹角的恭维也会让人认为是别有用心，产生不必要的误解。在汉语中，恭维的程度要把握得"恰到好处"，才能起到人际关系"润滑剂"的良好作用。

受儒家"中庸"思想的影响，汉语中恭维语的用词讲究不偏不倚，含蓄中和，一般不会使用"最""特别""多么"等带有强烈主观评判色彩的词语，在中国人的语言艺术中，"含而不露，耐人寻味"是一种高级的表达境界，能够不露声色地抬高对方、取悦对方，不仅可以春风化雨一般消解对话的尴尬，还能够不动声色地拉近交谈者之间的心理距离，这样的恭维方式符合中国人的社交心理预期，可以说是成功的典范。

第6章　俄汉恭维语反应对比研究

在语言学研究中，对收集到的有效语料进行统计分析整理的目的是通过语言现象认识文化本质。本书在对前期学者观点和学术成果进行总结的基础上，综合考虑了俄罗斯民族的文化特征和俄罗斯人的性格特点，对俄语恭维语反应进行了重新分类，分析俄汉两种语言文化背景下恭维语回应的类型，并且从汉语言文化和性别的角度对俄语恭维语反应特征进行解读。本章节主要解决以下几个问题：

（1）俄语恭维语反应的特点。用图表的形式展示国际上学者们对恭维语反应的分类情况，结合本书对恭维语反应的解释和对俄语语料整理和解读的结果，重新构建俄语言文化中的恭维语反应体系。运用统计工具整理分析所得到的语料数据，最终形成俄语言文化中各种恭维反应类型分布图，并且对分析结果进行解释。

（2）汉语言视角下的俄语恭维语反应特征。从礼貌原则和汉语言传统文化的角度分析总结出汉语恭维语反应的几种类型。同时，通过表格的形式对汉俄恭维语各种反应类型占比进行了对比，以汉语恭维语回应特征为视角，总结俄语言文化下恭维语反应的特征。

（3）从性别视角对恭维语反应进行分析。研究证明，谈话者的性别差异是恭维语语用功能的重要影响因素，恭维者和被恭维者的性别会直接决定他（她）们会对恭维语做出什么样的反应。本书在对俄语语料数据进行分析后，分别用表格的形式直观地展示出俄罗斯社会中不同性别的谈话者之间恭维反应的特点，并对其所代表的社会文化特征做了阐释。

6.1　俄语言文化中的恭维语反应

恭维和恭维回应体现了语言使用者的礼貌行为规范，是最具文化特色的言语行为之一。研究语言使用者在什么情况下如何恭维他人，以及被恭维者如何回应，可帮助我们更好地理解一个民族和文化的价值观、社会结构和该言语社区对语言使用功能及意义的认知（Yuan，2001）。

6.1.1　恭维语反应研究现状

1. 恭维语反应研究历程

恭维语回应自 20 世纪 80 年代以来开始得到学者们的广泛关注，大量研究表明，拥有不同文化背景的人们对恭维语的反应存在着差异。相对于恭维语较为简单的表达方式来说，对恭维语的反应表达形式更加灵活和多样化，也更加能够体现该语言使用者所代表的民族文化特点和民族心理特征，因此，要顺利实现跨文化交际，对恭维语回应的研究十分必要。在对恭维语研究的众多成果中，Pomerantz（1978）、Wolfson et al.（1980）、Herbert（1989）和 Holmes（1986）的研究成果基本上确立了恭维语反应类型体系。

（1）Pomerantz 对于恭维语反应的研究。美国语言学家 Pomerantz 是第一个研究恭维语反应的学者，她从会话的视角分析了恭维语反应，指出恭维语不仅仅是一种赞扬行为，还是一种评估行为。如图 6.1 所示，她将对恭维语的反应分为了用言语表达和非言语表达两大类。非言语表达的恭维语反应可以是微笑、点头或者是沉默等；用言语表达的恭维语反应可以分为同意、拒绝、避免自我表扬三类。其中，"避免自我表扬"既不"接受"，也不"拒绝"，避免了否定他人恭维的尴尬，也令被恭维者显得谦逊有礼，是一种很得体的应答方式。

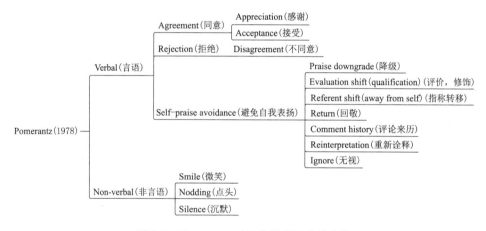

图 6.1　Pomerantz 对于恭维语反应的分类

（2）Wolfson 对于恭维语反应的研究。如图 6.2 所示，不同于 Pomerantz 对恭维语回应的分类，Wolfson 和 Manes 去除了"避免自我表扬"这个分类，把恭维语反应大体分为同意和拒绝两大类，并第一次提出了"升级"（praise upgrade）的接受恭维语方式。

（3）Holmes 对于恭维语反应的研究。Holmes 对新西兰英语中恭维语的功能类别和恭维语反应的句法和词汇模式进行分析，将恭维回应策略分为同意、拒绝和回避三大类，并在每种类型之下划分了若干子类型。她的分类方法在恭维回应研究领域被公认为是最具有影响力的（图 6.3）。

（4）Herbert 对于恭维语反应的研究。Herbert 继承了 Pomerantz 和 Wolfson 的研究成果，对美国和南非的英语使用者进行了恭维语反应的调查，通过三

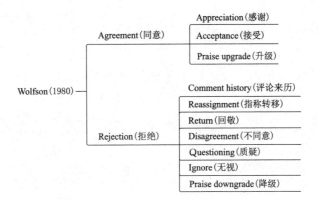

图 6.2 Wolfson 对于恭维语反应的分类

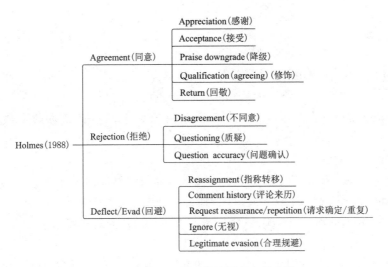

图 6.3 Holmes 对于恭维语反应的分类

年的数据收集分析,她总结了前人对恭维语反应的研究成果,并且通过自己对语料数据的分析理解,认为"降级"反应是被恭维者对恭维的一种逃避,而不是拒绝。同时,她提出了一种新的恭维反应形式——质疑。相应地,她将恭维语反应划分为同意、拒绝、回避和质疑(对恭维者诚意的怀疑)四类(图 6.4)。

图 6.1~图 6.4 都是在英语语言文化中学者们对恭维语反应调研总结后得出的分类结果。可以看出,在恭维语反应大的分类上学者们的看法是趋于一致的,都认为有"同意""拒绝"和"回避"三种反应。但是在对子类型分类的理解方面,研究者们的意见并不一致,例如,Wolfson et al.(1980)将"回敬""降级"等同于对恭维的委婉拒绝,而 Holmes(1988)把它们视为接受策略的子策略,认为是接受恭维的表现等。他们的具体分类方法汇总如图 6.5 所示。

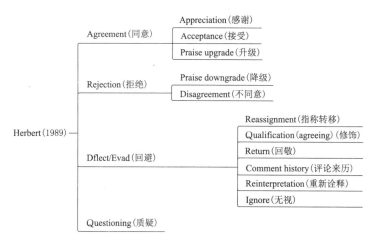

图 6.4 Herbert RK 对于恭维语反应的分类

每一种恭维反应的具体解释如下：

Appreciation（感谢）：对恭维者表示感谢。

比如：A：您今天看起来很漂亮。B：谢谢！

Compliment acceptance（接受恭维）：在言语上表示自己也同意恭维者的看法。

比如：A：这件外套很适合您。B：是的，我也这么认为。

Praise upgrade（升级）：夸大提升恭维者对自己赞扬的程度。

比如：A：这条裙子真好看。B：那是，也不看看是穿在谁身上。

Praise downgrade（降级）：降低恭维者对自己赞扬的程度。

比如：A：您做得真棒！B：一般般啦！

Disagreement（不同意）：言语上表达自己不同意恭维者的看法。

比如：A：你的房间真干净。B：我不这么认为。

Reassignment（指称转移）：把恭维者的称赞对象转移到其他人身上。

比如：A：这顿饭真美味！B：都是小李的功劳。

Qualification（修饰）：对恭维者称赞的内容进一步说明。

比如：A：您跑得真快！B：但还不是最快的。

Return（回敬）：对恭维者也进行赞美。

比如：A：您唱歌真好听！B：您也唱得很好啊。

Comment history（评论来历）：对被称赞事物的来历进行说明。

比如：A：您这条项链真好看。B：去年过生日时妹妹送给我的。

Reinterpretation（重新诠释）：对恭维者的意图进行重新理解。

比如：A：这顶帽子真好看！B：要不送给你吧！

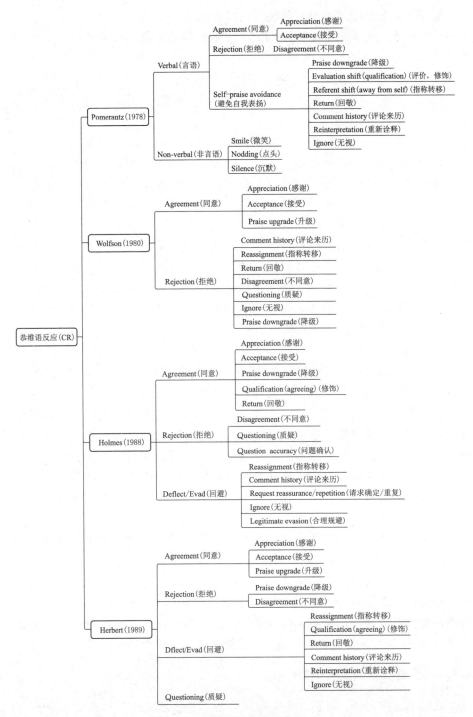

图 6.5 恭维语反应的分类汇总

Ignore（无视）：对恭维不做相应的回应。

比如：A：您今天看起来真精神！B：我们是不是该出发了？

Questioning（质疑）：怀疑恭维目的。

比如：A：做得不错！B：你不是这个意思吧。

Request reassurance/repetition（请求确定/重复）：对恭维内容进行再一次的确认。

比如：A：这件衣服的颜色很适合你。B：这个颜色不会太亮了吗？

Legitimate evasion（合理规避）：为恭维内容找到一个合适的理由。

比如：A：这衣服材料很好。B：这可是名牌服装啊。

以上列举的是真实生活中经常使用的恭维语对话，分别可以代表各种恭维语反应典型类型，基本符合学者对恭维语反应做出的总体分类。但在不同的语言文化环境中，人们对恭维语的反应具体的表达方式是有所侧重的，拥有不同文化背景的人们对恭维应答方式选择的偏好也恰恰能够体现不同民族独有的文化特点。恭维语反应分类为后续恭维语研究提供了理论基础。通过对每一种恭维语反应的深入研究，很多学者运用不同的研究方法在不同的领域取得了新的进展，对恭维语研究进行了有效的补充。

2. 非言语回应的定义

应该注意到，在对恭维语回应的研究中，除了 Pomerantz（1978）把对恭维语的应答分为言语的和非言语的之外，其他学者并没有把非言语行为作为一种回应类型来研究。但本书通过对大量语言素材的研究实践发现，在实际恭维场景中，以表情、动作等非言语形式来回应对方恭维的情况非常多。所以，本书认为，非言语回应不仅应该是一类恭维语反应，而且应对它所代表的含义进行定义。因为语言能够较为直观清楚地表达讲话人的思想和心理活动，通过被恭维者回应的话语内容，再加上自己的主观判断，恭维者可以大致判断出对方的意图，是拒绝还是接受。言语反应可以分为"同意"和"拒绝"两大类，但根据被恭维者表达自己态度的方式的不同，"同意"分为直接和间接两种形式，"拒绝"分为"直接拒绝"和"间接拒绝"。区别于言语表达的是，有一些非言语行为无法十分确切地表达说话人的意图，谈话对象通常无法准确判断被恭维者的感受，比如沉默、脸红，本书将其归为"回避"类别；有些非言语行为可以清晰地表明说话者的态度，比如微笑、点头、拥抱，可以被认为是"间接接受恭维"，而摇头、惊讶会被认为是"间接拒绝恭维"的表现。

6.1.2　俄语恭维语反应类型

在俄语言文化中，对恭维反应的分类上，本书更倾向于 Holmes（1988）的分类方法，但在对一些反应所属类别的划分方面有一些不同，比如说，Holmes

认为"评论历史""合理规避"是对恭维的回避，而本书认为，这是被恭维者在委婉地表达对恭维的认同，在默认的基础上，对事物的来历和属性进行必要的解释，"问题确认/请求重复"也不属于对恭维的回避范畴，因为它表达了说话者想通过别人的评价进一步确认自己想法的心情，这从另一个侧面说明了被恭维者是同意恭维内容的，所以"问题确认/请求重复"这个反应也是一种间接接受恭维的方式。"指称转移"应是一种间接拒绝恭维的形式，被恭维者直接把恭维话语对自己的指向转接到别人身上，即拒绝对自己的恭维。在 Holmes 的分类里，"降级"被认为是拒绝恭维，通过对实际语料的理解，可以认为被恭维者其实是认可对方对自己的赞扬的，降低夸赞程度只是谦虚的表现，所以，也应被视为接受恭维。在从俄语语料库收集到的恭维语对话中，没有发现有"评论历史"和"合理规避"的实际例子，所以在本书的分类中去除了它们。

　　总的来说，本书对恭维语反应的划分可以用图 6.6 来表示，恭维语的反应由直接接受、间接接受、直接拒绝、间接拒绝和回避五大类组成。其中"直接接受"由"感谢""接受恭维"和"升级"组成；"间接接受"由"降级""解释""回敬""请求确定/重复"和"非言语同意"组成；"间接拒绝"由"指称转移"

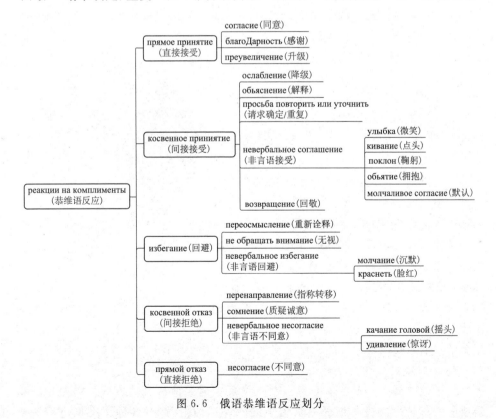

图 6.6　俄语恭维语反应划分

53

"质疑恭维者诚意"和"非言语不同意"组成；"回敬"由"重新阐释""无视"和"非言语回避"组成；直接拒绝没有子分类。

与之前的恭维语反应分类相比，这种分类方法有以下几个特点：

（1）区分了言语行为和非言语行为的不同，赋予了不用语言表达的恭维语回应具体的含义。

（2）通过对大量语料的研究，并对语料含义进行深入理解，本书认为绝大部分用语言对恭维的回应都能够明确反应说话者的主观判断（即是否同意恭维）。存在的只是表达方式的不同，基于此，把"接受"和"拒绝"两种反应进行了细分。

（3）在此框架内进行恭维语反应研究，学者们可以突破言语和非言语的界限，对所有类型的恭维语回应都进行具体含义上的描述。所以，在下一小结中对收集到的恭维语料的分析将在此分类方法的基础上进行。

6.1.3　俄语恭维语反应分析

1. 恭维语反应总体分析

本书从直接接受、间接接受、回避、直接拒绝、间接拒绝五个方面对收集到的语料进行整理，结果如图 6.7 所示。

从图 6.7 中可以看出，俄语言文化中人们对恭维语的接受占了全部恭维反应的 65%，这个数据显示了俄罗斯人对恭维基本上是持接受态度。从利奇的礼貌原则来看，俄罗斯人非常看重别人对自己的赞扬和肯定，认为这是自己理想的个人公众形象在他人眼里的实现，是对自己"积极面子"的维护，所以，在回答恭维语时，他们更多的是采取"一致准则"，表示感谢或者肯定对方的恭维后解释为什么会有如此出彩的表现。在接受的具体方式上，间接接受和直接接受的数据可以被认为是基本持平，其中，选择采用间接方式接受恭维语的人比采

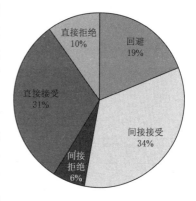

图 6.7　俄语言文化中恭维语反应类型分布

用直接方式接受的人略微多一些，这很好地说明了由于地缘位置的因素俄罗斯民族性格的复杂性，它既有西方世界的坦率直接，也有东方世界的含蓄婉约，甚至俄罗斯人在内心深处的文化价值观可能更加倾向于东方世界的认知体系。

2. 恭维语反应分类分析

为了能够具体了解俄罗斯人在恭维语反应时采取的具体方式，需要把恭维语反应的每一大类进行细分（直接拒绝除外），并且针对各种子类型进行分析

总结。

　　（1）直接接受。"接受"是俄罗斯人对恭维主要的回应方式。其中，"直接接受"占比为 31%，根据被恭维者采取接受方式的不同，"直接接受"可以分为三个子类：同意、感谢、升级（图 6.8）。这三个接受类型虽然在表达内容上都是直接接受对方的恭维，但是侧重点有所不同，本书从俄语国家语料库中选取出对应的恭维对话，用例子对每一种子分类进行解释：

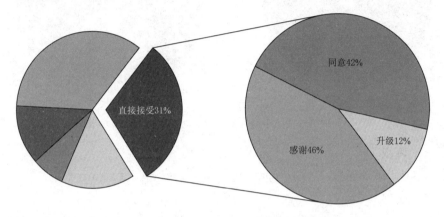

图 6.8　俄语言文化中恭维语反应"直接接受"分布示意图

- 　同意

—— Как вы хорошо поете，Витя. —— Приятно слышать.

- 　感谢

—— Повезло，—— сказала повариха Нюся. —— По тебе：ты и красивая，и приличная. —— Спасибо，Нюся！—— засмеялась Нина.

- 　升级

Помолчали. Покурили. Посмотрели друг на друга. —— Вы мужественный человек，господин Гарднер，—— похвалил карлик. —— Я，кроме того，ещё и справедливый человек，—— напомнил Гарднер. И тут карлик уже ничего не ответил，только подвинул к себе лист рапорта. —— Дурацкий слог，—— сказал он недовольно.

　　从分析结果可以看出，在俄语言文化中使用夸大的方式对恭维进行回应的比例非常小，绝大部分俄罗斯人在接受恭维时会直接表达赞同和感谢，这在一定程度上表现了俄罗斯民族不喜欢夸大和过度表现自我的性格特征。

　　（2）间接接受。如图 6.9 所示，在俄语言文化中，"间接接受"的比例略高于"直接接受"，由于在这种接受模式下，被恭维者是通过各种不同的方式来表达自己对恭维的态度，所以在"间接接受"类型下的子分类比较多。在语料库中相应的具体对话如下所示：

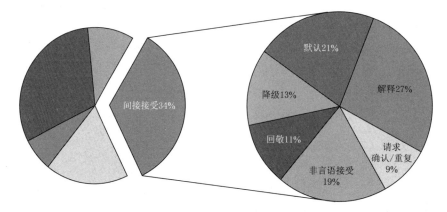

图 6.9　俄语言文化中恭维语反应"间接接受"分布示意图

- 降级

— O! Вы молодец! — говорят ему. — Герой! — Да чего там!

- 解释

На брюках складочка. Живет мальчишка в общежитии, а на брюках складочка. Утюг, значит, завели, молодцы. — Костя, — сказала Нонна, — вы выглядите просто замечательно. У вас потрясающе джентльменский вид. Он покраснел и сказал: — Я думаю, вот так будет хорошо.

- 请求确定/重复

— Да вы прекрасно исполнили свою роль, Татьяна Григорьевна, — сказала она. — Никто из нас лучше бы не сделал. — Неужели? — спросила девушка, краснея.

- 非言语接受

Аня расхохоталась и сказала: — Нет, я не думаю. Я, например, убеждена, что страшно выходить замуж. Ты, Лида, ты другое дело: ты такая хорошенькая··· Лида едва заметно улыбнулась.

- 回敬

— Ты прекрасно выглядишь. Возмужал, возмужал···

— Вы тоже прекрасно выглядите, дядя Ваня.

- 默认

— Как вы прекрасно говорите, Евгений Нилыч!

— Пожалуйте ручку.. Хе - хе!

— Но нет, уж вы меня с собой не сравнивайте!

通过图形分析结果可以看出，在间接接受恭维时，俄语恭维语更喜欢对被恭维的事物进一步说明，或者采用非言语的形式（举动或表情）表达同意，比如拥抱、握手、点头、微笑等，要么默认对方的夸赞。而在直接接受恭维时，"表达感谢"和"直接同意"占据的比例十分高，相比较而言，"升级"的方式比例较低，这说明俄罗斯人在接受他人对自己优点的夸赞时，态度是谦虚低调的。

（3）回避。对恭维"回避"的反应远远低于"接受"，所占比例是 19%，属于"回避"反应的子类型的分布情况如图 6.10 所示。

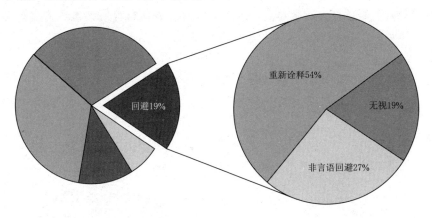

图 6.10　俄语言文化中恭维语反应"回避"分布示意图

"回避"也是俄罗斯人经常使用的回应恭维语的方式，它的分布比例仅次于"接受"，在这种恭维语回应模式下，被恭维者常常会用一些具体行为告知对方，他没有表达自己对恭维态度的意愿。在这种情况下恭维者往往只能依靠一些谈话外的因素或者自己的主观判断来猜测对方的态度。在本书中，对恭维的回避行为也分为三类：重新诠释、无视和非言语回避。

在语料库中的相应例子列举如下：

- 重新诠释

— Вполне английский вид, — заметила Люси, оглядев Андрея. — Если бы он был не английский, — обиделся Андрей, — вы не пошли бы со мной, иностранцем, в ресторан? — Что вы, что вы, Эндрю, не обижайтесь, я просто старалась сделать вам комплимент.

- 无视

— На брюках складочка. Живет мальчишка в общежитии, а на брюках складочка. Утюг, значит, завели, молодцы. — Костя, — сказала Нонна, — вы выглядите просто замечательно. У вас потрясающе джентльменский вид. Он покраснел и сказал: — Я думаю, вот так будет хорошо.

- 非言语回避

— Отлично, Натали! — сказал инспектор. — Вы прекрасно водите машину. Наташа покраснела: на ее памяти инспектор еще ни разу так прямо и ни по какому поводу никому не высказывал своего одобрения.

从图 6.10 中可以直观地看出，在面对恭维逃避的态度里，"转移话题"的选项占了 54% 的比重，成为了俄罗斯人的首选。从"面子理论"的视角来看，当俄罗斯人不愿意直面恭维之词，或者不愿直接表达自己对恭维内容的态度时，他们选择转移话题避免令恭维者感到尴尬，十分注重维护恭维者的"消极面子"。同时，和间接接受恭维一样，俄罗斯人也很喜欢采用非言语的方式，比如沉默，或者面对恭维感到不好意思（脸红）等来表达回避。

（4）间接拒绝。从恭维语反应分布图中可以看出，俄罗斯人不擅长拒绝恭维，"直接拒绝"的比例明显高于"间接拒绝"，且间接拒绝恭维的形式也较为简单，一共分为三种子类型：质疑诚意、非言语拒绝、指称转移；这些子类型的分布情况如图 6.11 所示。

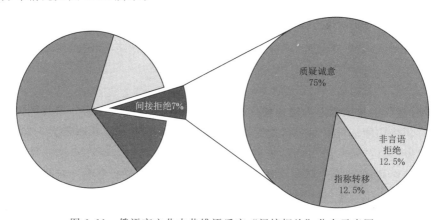

图 6.11　俄语言文化中恭维语反应"间接拒绝"分布示意图

本书从俄语国家语料库中挑选了对恭维间接拒绝的相应的对话，如下：

- 指称转移

— Да. У всех дела. Слышал, тебя на первого зама выдвигают? Это ты молодец. — С твоей легкой руки.

- 质疑诚意

Ты просто молодец. В нашем поколении таких людей, как ты, уже нет. — Что ты имеешь в виду? — переспросила Гуля, любившая всякого рода комплименты и ожидавшая услышать приятное.

- 非言语拒绝

— ты немного огрубел, мой друг, там, где ты рос, а впрочем, все—таки ты довольно еще приличен. Он очень мил сегодня, Татьяна Павловна, и вы прекрасно сделали, что развязали наконец этот кулек. Но Татьяна Павловна хмурилась; она даже не обернулась на его слова и продолжала развязывать кулек и на поданные тарелки раскладывать гостинцы. 〔Ф. М. Достоевский. Подросток (1875)〕

在表达对恭维的拒绝时，俄罗斯人的表达方式较为单一，分析结果显示，"质疑恭维者诚意"占了绝大部分的比例。这在一定程度上体现了俄罗斯民族性格中敏感多疑的性格特征。

（5）直接拒绝。俄语言文化中，"直接拒绝"在整体恭维语反应分布图中所占的比例非常小（图 6.12），仅仅略高于"间接拒绝"的比例，这除了说明在俄语语言社区中，拒绝恭维语的行为较少，还说明了在表达对恭维的拒绝方面，俄罗斯人更乐于采用直截了当的方式。比如：

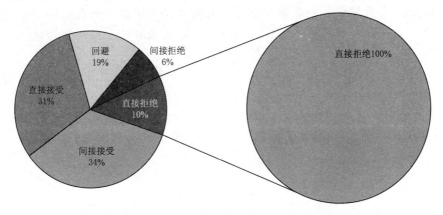

图 6.12　俄语言文化中恭维语反应"直接拒绝"分布

- 直接拒绝

— Я вот смотрю на вас и думаю, как из той девчонки такая дама получилась? — Дама? — искренне рассмеялась Таня. — Какая ж я дама? Дамы по - другому живут, очень уж жизнь у меня не дамская — и происхождение и воспитание.

3. 恭维语反应总结

通过以上数据分析的结果，可以得到以下结论：

（1）在俄语言文化中，对恭维语普遍接受的态度体现了俄罗斯人价值观体系里，对个人价值和自我实现的看重和高度认可；而"间接接受"的比例高于

"直接接受"在某种程度上表明了俄罗斯民族文化中存在谦虚谨慎的成分。

（2）应该注意到，在各种恭维反应中，非言语的表达形式都占据了不小的比例，相对于直接用言语表达对恭维的态度来说，利用非言语形式，用轻点头并身体前倾，用手掌轻拍心口部位表示感谢，微笑，点头，脸红等都能体现出俄罗斯文化中内敛含蓄的特征。同时，统计图表显示出的俄语中比重不小的非言语形式表达也体现出了俄罗斯社会交往中人与人之间保持的距离感。

（3）俄罗斯人倾向于用比较直接的方式拒绝恭维，这说明俄罗斯民族拥有直接的性格特征。而在间接拒绝时绝大部分俄罗斯人选择怀疑恭维动机的方式则体现了俄罗斯民族性格中高自尊的元素。

6.1.4　性别角度的恭维语反应分析

性别是影响言语行为的社会语用功能的重要因素。由于男性和女性在社会中扮演着不同的社会角色，承担着不同的社会责任，不论是在哪一个国家，在哪一种文化里，人们对男女两性的社会期望和心理认同都是不尽相同的。因此，男女在言语交际中的表现也有很大的差异，这种差异在恭维语的使用上表现非常明显，我们对俄语言文化环境下恭维语的社会性别语用情况进行分析。

Herbert 发现，男性和女性不仅会表达不同的赞美，而且他们的称赞也会得到不同的回应（Herbert，1990）。为了得到俄语言文化中性别因素对恭维语反应影响的数据，本书把标记过的语料按照性别指向分为四组，分别是：男→男，男→女，女→男，女→女（图 6.13）。

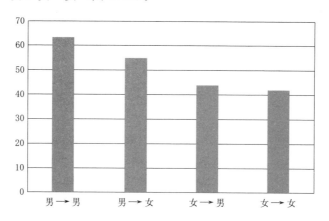

图 6.13　俄罗斯两性恭维语使用频率

从对俄语恭维语分析得出的结果可以看出，由男性发出的恭维语行为的频率略高于女性。这说明在俄罗斯的社交文化中，相对于女性来说，男性不仅具有更加强烈的对外交往意识，而且能够更加主动地表达交往愿望，和周边社会关系建立积极有效的联系。这组数据反映了在当今俄罗斯的社会交际结构里，男人承担了更多的社会交往责任。

1. 不同性别组别恭维语反应研究与分析

（1）男→男恭维语反应联合分析。从表 6.1 男→男恭维语与不区分性别恭维语反应对比可以看出：

表 6.1   **男→男恭维语反应对比**

类别	直接接受/%	间接接受/%	回避/%	直接拒绝/%	间接拒绝/%
不区分性别	31	34	19	10	6
男→男	29	29	22	17	3

1）男性对于男性发出的恭维反应中，接受（直接接受和间接接受）比例相对平均值略低（58%＜65%），而拒绝（直接拒绝和间接拒绝）比例略高（20%＞16%），说明整体上男性之间恭维语反应相对平均值来说，更倾向于拒绝。

2）男性对男性的恭维语反应中，"直接拒绝"比例明显高于平均值（17%＞10%），间接拒绝明显低于平均值（3%＜6%），这说明在俄罗斯男性之间恭维对话中，对于不认同恭维的表达更多以"直接拒绝"为主，也说明了男性之间更能直接表达自己的情绪。

（2）男→女恭维语反应联合分析。从表 6.2 男→女恭维语与不区分性别恭维语反应对比可以看出：

表 6.2   **男→女恭维语反应对比**

类别	直接接受/%	间接接受/%	回避/%	直接拒绝/%	间接拒绝/%
不区分性别	31	34	19	10	6
男→女	27	33	18	11	11

1）女性对男性发出的恭维反应中，女方接受（直接接受和间接接受）比例相对平均值稍低（60%＜65%），而拒绝（直接拒绝和间接拒绝）比例较高（22%＞16%），说明整体上女性对于男性的恭维语反应相对平均值来说，更倾向于拒绝，也说明了女性面对男性恭维时候会有一种防御心态和情绪。

2）女性对男性发出的恭维语反应中，"间接拒绝"比例明显高于平均值（11%＞6%），这说明在俄罗斯女性面对男性恭维时，如果要拒绝也会采取相对温和委婉的方式。

（3）女→男恭维语反应联合分析。从表 6.3 女→男恭维语与不区分性别恭维语反应对比可以看出：

类别	直接接受/%	间接接受/%	回避/%	直接拒绝/%	间接拒绝/%
不区分性别	31	34	19	10	6
女→男	21	43	29	5	2

1) 男性对由女性发出的恭维语反应中，虽然恭维语接受反应跟平均值持平，但男方直接接受比例相对平均值稍低（21%＜31%），而间接接受明显比例较高（43%＞34%），说明男性在面对女性的恭维选择接受时，采取更多的是委婉和谦虚态度，这在一定程度上可以体现出俄罗斯文化中对女性的尊重和欣赏。

2) 男性对由女性发出的恭维语反应中，"拒绝"（直接拒绝和间接拒绝）比例明显低于平均值（7%＜16%），同时其"回避"比例明显高于平均值（29%＞19%），说明男性在一般情况下是不会拒绝来自女性的恭维，即使有拒绝的想法时也更多会采取"回避"的方式。这也从另外一方面说明男性对于女性正面情感表达时，即使不认同也会基于礼貌而采用更为温和的方式以表达对女性的尊重。

（4）女→女恭维语反应联合分析。从表 6.4 女→女恭维语与不区分性别恭维语反应对比可以看出：

表 6.4　　　　　　　　　　　　女→女恭维语反应对比

类别	直接接受/%	间接接受/%	回避/%	直接拒绝/%	间接拒绝/%
不区分性别	31	34	19	10	6
女→女	41	29	14	7	9

1) 在女性之间互相发出的恭维语反应中，接受（直接接受和间接接受）比例高于平均值（70%＞65%），说明他们非常乐意接受来自同性的恭维。而且"直接接受"的比例远远高于平均值（41%＞31%），这项数据表明，女性在与同性的交流中，更倾向于用直接的方式接受恭维，使得交流气氛更为热烈。

2) 女性之间的恭维语反应中，"回避"反应的比例也低于平均值（14%＜19%），从另一方面也说明，女性在面对同性恭维时有更加积极的态度。

2. 研究结论

综上所述，可以得出以下结论：

（1）在俄罗斯的社会交往中，男性扮演着主导的角色。

（2）异性（男→女，女→男）之间的恭维对话，在采取接受策略上更多的是以间接接受，在采取拒绝的策略上更多的是以间接拒绝或者回避。这说明性别的差异促使恭维语交流以更加温和的方式表达。

（3）同性（男→男，女→女）之间的恭维对话虽然更为直接，但其恭维语反应有明显的不同。女性间恭维语反应直接并且接受度高、对话更为积极热烈，而男性间恭维语反应接受度较低，并且直接拒绝比例明显偏高。

（4）面对男性的恭维，无论被恭维对象是男性还是女性，对比平均值来说其接受程度（直接和间接）都相对较低、拒绝程度较高（直接和间接），说明被恭维者面对男性的恭维时，其更多采用防御和消极的态度。

（5）面对女性的恭维，女性的反应更多是直接接受的，而男性的反应更多的是间接接受和回避的。这也说明在日常言语沟通时候，女性间采取恭维语的交流将更加有效，而女性对于男性的恭维，虽拒绝度较低，但更多地会被无视，效果不会特别明显。

6.2　汉语言文化中的恭维语反应

Herbert（1989）对恭维语回应类别的总结为学者们对各种语言文化中在语义和功能方面对恭维应答的研究提供了基础。对汉语言文化中恭维言语行为反应的研究长久以来引起了学者的极大兴趣，以陈融、袁一、杨达复、周芹芹等为代表的学者针对不同人群，从共时和历时的角度对汉语恭维语使用情况做了追踪式调查。结合学者们的相关研究，汉语使用者的恭维应答策略共有如下几类：

（1）感谢。随着世界经济一体化的不断加深和信息技术的高速发展，无论是西方还是东方的社会对外来文化采取了兼容并济的包容态度，东西方文明呈现出逐渐融合的趋势。在社交礼仪方面也是如此。传统中华文明受数千年儒家思想熏陶，看重的是"不张扬""低调"的品格特征，一般来说不轻易直接接受来自他人的恭维，会采取回避或拒绝的回应策略。但在当今的中国，人们的社交习惯和思维方式在中西交流日益频繁的背景下也变得不拘泥于固有形式，例如，在听到说话人的恭维或称赞时，表示同意的同时向恭维者道谢。这样的应答方式体现了对恭维的尊重，多发生在受过较高教育、思想开放的年轻人之间。如：

1）"大嫂，瞧您皮肤还是特别好，配上这件风衣真是既有气质，又有风度。"女人被夸得合不拢嘴，脸笑得像盛开的牡丹花一样，"谢谢呵，您可真会说话。"

2）A：你今天看起来真漂亮！

　B：谢谢！

（2）补充说明。当被恭维者认为对方的恭维内容恰如其分，符合事实，又觉得不便直接表示同意，或者觉得只是表示感谢显得过于单薄，有时也会通过补充说明一些恭维者所不知道的信息表达对恭维的认同，这样就避免了直接接受恭维的突兀和尴尬，被大多数中国人视为一种较为"中庸"的得当的表达接受和同意态度的方法，如：

1）A：你这首歌唱得很不错！

B：我练了三四个月了。

2）A：你这个客厅家具色彩搭配得真棒，和房子的装饰浑然一体。

B：可不是嘛，我们把全市的家具城都跑遍了才买到的。

3）A：你的英语口语真是太流利了！

B：我家有全套的原版英语新闻光碟呢。

（3）降级接受。在对恭维语的回应上，中国人和俄罗斯人遵循的是两种不同的礼貌原则，当对方发出赞叹自己的言辞时，比如说"你今天看起来很有气质！""这件衣服简直就是为你量身打造的！"，被恭维者即使同意对方的观点，他的反应依然是首先主动降低对方对自己的欣赏程度，通常会回复"您过奖了"之类的言辞，然后再对自身进行贬低式的评论，比如"主要是光线比较衬人的肤色！""其实也是一般般啦！"。这符合中国式"礼貌原则"里面的"贬己尊人"准则，因为在中国人的传统观念里，贬低自己，降格自身的"积极面子"就相当于无形中维护了谈话对象的"消极面子"，既显示了自己的谦虚品格，也表达了对对方的尊重，汉文化所秉承的礼貌核心是自谦和敬人。比如：

1）A：你唱得真好！

B：还行吧。

2）A：你挺帅啊！

B：还可以。

（4）升级式接受。这种应答方式不仅接受了恭维，并且主动把恭维程度进行夸张，这在汉语言语境中不符合中国传统文化"自谦"的思想理念，因此并不经常被运用。在关系非常亲近的熟人之间，或者是受外来思想影响较大的年轻人之间会使用这样的应答方式，一般来说带有玩笑戏谑的语言色彩，用于非正式场合。比如：

1）A：大哥，你真行！

B：这事还非我不可。

2）A：美女，今天你真是太漂亮了！

B：我就是天生丽质。

（5）指称转移式接受。将恭维对象从自己转移到第三者身上，在汉语言文化中，既肯定了恭维内容，也"借花献佛"通过这样的方式恭维了他人，"不居功"显示了自己的谦虚，为自己赢得良好形象，这也是中国人处世智慧的体现。比如：

　　1）A：你们家真漂亮，收拾得那么干净！真好！

　　　　B：都是我们家那口子收拾的。

　　2）A：你做饭真好吃！

　　　　B：这可都是小李的功劳呢。

　　（6）回敬。中国古语有言"人贵有自知之明"，这种理念造成了中国人不喜欢自夸，也不擅长恭维他人的性格特征，在受到来自他人的赞赏时，中国人一种常见的反应是不表达明确的态度，而是把关注的焦点从自己转移到对方的身上，进而达到取悦他人的目的。这样的恭维方式通常是在思想开放、行为方式并不传统的年轻人之间使用较为频繁。比如：

　　1）A：你真孝顺！

　　　　B：你也是呀！

　　2）A：你做的研究真的很成功！

　　　　B：你的研究也很好呀！

　　（7）提出质疑。如果被恭维者不认为事实符合恭维内容，认为恭维内容夸大其词，被恭维的事物达不到相应的水准，或是因为害羞或其他因素不好直接接受，又不能直接拒绝，就可以采用反问的语气回应对方，表达对恭维内容不置可否的态度。比如：

　　1）A：你今天的脸色白里透红，真好看啊！

　　　　B：有吗？

　　2）A：最近你可苗条多了！

　　　　B：真的？

　　这样的反问往往不需要对方真正进行回答，它仅仅是被恭维者表达自己满意喜悦情绪的方式，同时也是被恭维者"迂回"接受恭维的手段。

　　（8）自我贬低式回应。中国人在社会交往中讲究万事"和为贵"。《礼记》有言：夫礼者，自卑而尊人。这句话充分体现了在社会交往中，中国人所遵循的交往准则，即"贬己敬人，给足面子"。在恭维语境中，当受话人不能完全认同说话人的恭维，或者由于某些原因不愿直接接受对方的恭维时，往往会采用自谦的方式进行回应。自谦，是指在交际中对涉及自己或自己相关事物时采取低调谦虚的态度，在谈话中避而不谈自身优点，甚至会从不足或缺点来进行自我贬低。这样的回答不明示自己的态度，中庸且含糊，在中国文化评价体系中，被认为是一个人内在修养的体现。是汉语中最为典型的应答类型，被大多数人使用。如：

　　1）A：你家孩子长得真漂亮，很聪明！

　　　　B：他呀，不听话着呢，很淘气。

　　2）A：你们家总是整整齐齐的！

　　　　B：整齐啥呀，乱糟糟的。

　　3）A：你的工作非常好！

　　　　B：哪里，总是出现很多的错误。

　　4）A：你的家具真别致！

　　　　B：哪有，都是很旧的款式。

　　（9）玩笑式回应。这种恭维回应方式也是非常符合中国人委婉含蓄的民族性格的。同样也应用于受话人不好意思直接表露自己的态度，又想给足对方面子，保持和谐友好的谈话气氛时，故意玩笑化处理对方的恭维，善意曲解对方谈话内容，不仅添加了谈话的诙谐程度，也避免了直接接受或者拒绝的尴尬。这样的回应方式友好而体面，也能充分表现出被恭维者的机智和幽默，在中国年轻人中被普遍应用。如：

　　1）A：今天穿的这么漂亮，干嘛去啊？

　　　　B：这不是给你撑面子去嘛。

　　2）A：全年级第一名，你可真厉害！

　　　　B：你是在说我的饭量吗？

　　（10）重新阐释。在汉语言文化中，恭维言语行为除了具有和人打招呼，与人寒暄的基本功能外，在很多情况下，还具有一些其他的语用功能，比如说求人办事、缓和气氛、拉拢关系等。因此，人们尝试从恭维意图的角度去理解对方的恭维，对恭维行为本身进行重新理解，做出相应的回应。比如：

　　1）A：你的帽子真好看。

　　　　B：送给你吧？

　　2）A：您真是太有魅力了，所有人都为您倾倒！

　　　　B：你有事吗？

　　当然，除语言表达手段外，还可以使用其他非语言手段如身势语或面部表情等方式来回应恭维，如中国人经常利用摆手、面部表情（面红、抿嘴一笑）等来表达自己对恭维的态度。

　　通过研究发现，汉语言文化受数千年的儒家思想熏陶，信奉"满招损，谦受益"的处世原则，对于溢美之词，不轻易说出口，更不会轻易接受，以表达自己谨慎谦虚的良好品格。在需要表达态度的场合下，中国人更愿意选择使用迂回婉转的谈话策略，采用更加温和中性的词令，这符合中国文化崇尚的"中庸之道"，因此，中国人对恭维语的应答更符合谦逊原则。

　　近年来，随着全球经济文化一体化进程的不断加快，文化语用迁移对接受过高等教育的群体，尤其是学习过英语或其他外语的大学生的影响是非常大的。他们受外来文化影响，在表达方式和思维习惯上逐渐偏离传统汉语文化礼貌原则，更加偏向于西方礼貌原则。对恭维语的回应，中国年轻一代倾向于接受和感谢，但是在年轻人身上，还是能看到传统中国文化的影响，比起俄罗斯人，他们还是会更多地使用弱化式和否定式的回答来表示谦虚（梅德韦杰娃·克里斯提娜，2012）。

6.3 汉语言视角下俄罗斯恭维语反应特点

汉语言文化中人们对恭维语的反应随着时间的推移发生了较大的变化。中国学者周芹芹（2010）在 2009 年 4 月—2010 年 1 月期间采用现场观察法，在上海市收集了自然口语对话场景共 1190 例，这些恭维对话场景发生在教授和学生之间，雇主和雇员之间，房东和房客之间，顾客和销售员之间，邻居之间，陌生人之间，朋友之间，同事之间或是家庭成员之间。在调查对象中，有年龄和社会地位相似的，也有存在较大差距的。由于调查对象的人员组成具有多样性，且采取的研究方法较 DCT 更能够反映出人们自然状态下的真实反应。所以，本书认为周芹芹（2010）的研究结果较为接近汉语言文化中恭维语反应的真实情况，并采用该研究得出的实验数据来总结俄语恭维语反应特点。

周芹芹将汉语语言文化中恭维语反应分为了三个大类：接受、回避和拒绝。其中，接受恭维拥有四个子分类：升级、同意、感谢和回敬；拒绝恭维的方式有降级、不同意和拒绝；恭维的回避反应分为解释、指称转移、邀请、请求确定、微笑、无视和重新阐释，一共有 14 个反应类型。为了确保汉语言文化中和俄语言文化中语料数据标注的一致性，得到有效的实验结果，本书把这 14 个子类型按照我们对俄语恭维语反应的分类标准进行了重新归类和整理："降级""解释""请求确定"应该归属于对恭维接受的范畴，"指称转移"是对恭维的间接拒绝，而"邀请"这种回应类型无法确定被恭维者的真实态度，所以应是回避恭维。比如：

A：你们食堂的早饭很好吃。

B：那你每天都来这边吃早饭吧。

在周芹芹的实验数据基础上，本书得出了汉语言文化中恭维语反应类型的分布特征，并与俄语言文化中的分布情况进行了对比（表 6.5）。

表 6.5　　　　　　　　　　　恭维语反应类型对比

恭维语反应类型	汉语言文化中的占比/%	俄语言文化中的占比/%
接受	52	65
回避	24	19
拒绝	24	16

从表 6.5 中可以看出，相对于汉语言文化中的恭维回应，在俄语言文化中，人们对恭维语的使用具有以下文化特点：

（1）在当代中国，随着社会开放程度的不断深化，汉语言文化受到来自西方的影响日益扩大，在言语习惯上也产生了较为广泛的语用迁移现象。汉语言文化中，人们对恭维语的接受程度有了较高的提升。但是数据显示，与俄罗斯人的接受程度相比，依然较低。而俄语言文化中，拒绝恭维的比例低于汉语言文化中的拒绝比例，这说明，与中国人相比，俄罗斯人更不喜欢拒绝恭维。

与此同时，显而易见的是，在俄语言文化的恭维语反应中，"接受"的比例也占了大部分。"拒绝"的比例是最低的。因此，可以认为，在俄语言文化中，无论自己是否认同他人的观点，但在言辞上不轻易否定别人，是大多数人遵循的礼貌原则。

（2）"回避"是一种对恭维语不明确表达自己的态度的回应方式。通常情况下，当被恭维者回避对恭维作出明确表态时，恭维者往往需要根据自己的主观判断来猜测恭维是否被接受。毫无疑问，这增加了交流的复杂程度，也增大了达到目的的困难。从表 6.5 中可以看出，中国人对恭维语的回避反应高于俄罗斯人，这说明相对于汉语言文化中较多地使用回避策略来说，俄语言文化中人们更愿意表达自己对恭维的态度，交流方式较为直接。

第7章 俄汉恭维语主题对比研究

由于不同民族的社会文化环境不同，造成不同民族文化背景的人们的说话方式和语言习惯不尽相同。一个具体的文化语境中的言语行为往往能够集中体现它所代表的文化的显著特征。在跨文化交际中，恭维语是使用最为普遍的言语行为之一，这种言语行为具有本民族特有的表现模式、内容以及鲜明的民族特色。本书参考国际上学者普遍使用的对恭维主题的分类方法，对语料库语料大量阅读，把俄语恭维语主题分为 8 类。根据俄语言文化中对恭维主题选择的特点，在前人研究成果的基础上，本书对收集到的俄语恭维语语料按照主题进行归类，并在俄语国家语料库中选取相应的恭维语对话解释说明，总结出在俄语言文化语境中，每一种恭维语主题使用的分布情况。

在俄语恭维语多维度分析中，本书结合恭维语反应的研究结果，将不区分主题的恭维语反应占比作为参考值，统计分析俄罗斯人对不同恭维语主题的接受程度，以表格的形式将所得数据与参考值进行比较。且进一步从性别的维度对不同恭维主题的接受情况进行论述。这样可以直观具体地总结出在俄语言文化环境中，人们对不同的恭维话题的反映情况。

同时，以中国学者对汉语恭维语话题的研究成果为基础，从汉语使用者的视角对俄语言文化中恭维语主题的使用特点进行了进一步的归纳和总结。同时，尝试结合我们得到的俄语恭维语语料的数据，以汉语文化特征为背景，以俄汉两种语言文化中学者对恭维主题的研究数据为基础，阐述在两种不相近的文化背景下恭维语主题分布特点的不同，进一步揭示俄语恭维语区别于汉语恭维语的显著特征，并尝试分析造成差异的原因。以恭维语使用情况为切入点，从理论层面对俄罗斯的文化特征进行总结和研究。

7.1 恭维语主题研究现状

作为恭维语，其基本功能应该是对被恭维者的某些特质给予正向的评价，并引起谈话参与者的赞赏。这似乎可以为恭维提供了无限范围的可能性主题，但实际上，大多数恭维仅涉及几个广泛的主题：外观，能力或特殊才能，财富或个性品格的某些方面。其中，前两项占整体总数的 81.2%。从 Holmes 的角度来看，恭维的主题涉及四个方面：对话者的外表，他的能力、性格，与他亲近的人以及他所拥有的东西。这四个方面是交流参与者的主要特征，恭维的主要语用功能是积极评估对话者的显性优点，并且表达对被恭维者的正向评价态度和恭维者对被恭维者的喜爱（Holmes，1988；贾，2000）。

Wolfson（1983）指出，美国英语中的恭维主题通常有两个：那些与外表有关的东西，以及那些与能力有关的评论。Manes 发现，最常见的赞美主题是外观和成就。即使人们互相恭维时会经常性地选择一些常见的主题，但一些研究还表明，不同的文化环境中人们可能会有不同的偏爱主题。正如 Wolfson 和 Manes 在美国英语中所展示的，外表和能力是英语语言文化中最常见的两个恭维主题。至于中国人的恭维情况，根据中国科学家叶雷提供的数据，有 80.9% 的被问卷者使用直接或间接的方法对"成就"主题表示称赞，而只有 14% 的人会称赞对方的外貌。因此，叶雷（1995）得出的结论是，在汉语言文化中，外表不被认为是值得恭维的主题，但是在某种活动中取得的成就则是中国人偏爱进行恭维的主题。同时，日本科学家 Daikuhara（1986）提供的数据还显示，能力或者是某项特殊才能是日本语言文化中最受欢迎的恭维话题。

以上所有实验结果表明，有必要在不同语言文化中针对"哪些外形特征和特定对象更加适合进行恭维"进行更详细地研究和分析。因为数据证明，恭维话题的被广泛接受程度是因文化而异的（Holmes，1988）。

根据 Holmes 的研究结果，本书将恭维的主题进一步归类，并将恭维的主题分为八个方面：孩子、财产及所有物、外貌、服饰、能力及特长、家庭及家庭成员、工作成就和性格。

7.2   俄语言文化中的恭维语主题

本书对收集到的俄语恭维语语料按照八个主题进行分类整理，得出恭维语主题在俄罗斯语言文化中的分布情况，如图 7.1 所示。

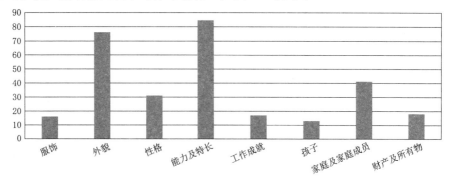

图 7.1   俄语恭维语主题分布

可以看出，俄罗斯人使用恭维语时，最经常涉及的主题是能力，其次是外貌，如果把对服装和外貌的恭维合并为对外表的夸奖的话，那么我们认为，俄罗斯人非常注重对对方外表形象的赞赏。相对而言，对孩子、家人以及个人所有物的关注度不大，体现了俄罗斯人比较尊重个人隐私的特征。为了能够具体看出俄罗斯人在恭维时的特征，针对每一个恭维主题，从语料库提取了相应的例子：

（1）服饰 。

［Журден，муж］Удалиться? Я надеваю шляпу. ［Маркиз Дорант，муж］Ба! Как вы прекрасно одеты! По утрам так одеваются только придворные кавалеры. ［Журден，муж］Я похож на придворного кавалера ［Маркиз Дорант，муж］Если вы не похожи на него，пусть отсохнет мой язык. ［М. А. Булгаков. Полоумный Журден. Мольериана в трех действиях （1932）］

（2）外貌。

Всегда получается，что я — ЖАБА. Мне начинать. — Ух，какая ты красивая，— скажу я ей. — Спасибо за комплимент，— ответит Таня. — Раньше ты мне этого неговорил. — Я робел. — Раньше ты говорил мне，что я давлю фасон. ［И. Меттер. Пятый угол （1967）］

（3）性格。

— Ваша фамилия N，как мы узнали от вашего слуги — спросила хозяйка. — Точно так，— отвечал офицер，не постигая，к чему это клонится. Хозяйка взяла офицераза руку，пристально смотрела ему в лицо，и сказала с чувством: «Вы добрый человек，господин N，и мать ваша должна быть счастлива!» Офицер все еще недогадывался，в чем дело，но，взглянув на девиц，увидел，что они утирали слезы··· Он смешался. В двадцать лет от роду сердце восприимчиво. ［Ф. В. Булгарин. Воспоминания （1846—1849）］

Ты такая добрая，отзывчивая! ［Розов. Вечно живые］.

（4）能力及特长。

— Почему? — недоумевал я. — Вы превосходно в нем играли! — Спасибо за комплимент. Более того，господин Захаров настоял，чтобы именно я играла эту роль. И был мной доволен. С моей стороны，наверное，неблагодарно так говорить，но я не любила играть в этом спектакле. ［Михаил Козаков. Актерская книга （1978—1995）］

（5）工作成就。

— завопил Раупах. — Я только этим и заманил публику，а вы предлагаете мне разыграть какого‐то дурака! Никаких сеток! Вы прекрасно работаете. Я сказал. Грета притворно улыбалась, глядя вниз. О, скоты, скоты! [А. Хованская. Авантюристка（1928）]

（6）孩子。

И знаете ли, этак чтобы дичиться, как все почти дети в ее годы дичатся, — совсем этого нет. На вас так похожа, Федор Иваныч, что ужас. Глаза, брови···ну вы, как есть — вы. Я маленьких таких детей не очень люблю, признаться; но в вашу дочку просто влюбилась. — Марья Дмитриевна, — произнес вдруг Лаврецкий, — позвольте вас спросить, для чего вы это все мне говорить изволите? — Для чего? — Марья Дмитриевна опять понюхала одеколон и отпила воды. [И. С. Тургенев. Дворянское гнездо（1859）]

（7）家庭及家庭成员。

— Понравились··· Они, верно, добрые. — Всякие есть между ними, — неопределенно заметил Пинегин. — Твоя мать — прелесть, сестры — милые, — восторженно говорила Раиса. — А братья — И братья славные. — У тебя, кажется, все люди — славные, — смеясь сказал Пинегин. [К. М. Станюкович. Женитьба Пинегина（1893—1903）]

（8）财产及所有物。

Позвольте вас спросить, как вы обо мне понимаете? Трофимов. Я, Ермолай Алексеич, так понимаю: вы богатый человек, будете скоро миллионером. Вот как в смысле обмена веществ нужен хищный зверь, который съедает всё, что попадается ему на пути, так и ты нужен. Все смеются. [А. П. Чехов. Вишневый сад（1904）]

7.3　俄语恭维语的多维度分析

7.3.1　恭维语主题反应联合分析

在实际俄语恭维语对话中，面对恭维者不同的恭维语主题，被恭维者将会给出不同的恭维反应。如果在大量恭维语对话场景中，统计分析不同恭维语主题条件下的恭维语反应分布特点，就可以反映出在整个社会层面，不同恭维语主题的普遍接受程度，进而可为非俄语母语者恰当使用俄语恭维语主题提供建议和参考。

本书根据所收集的 309 条语料进行恭维语主题反应联合分析。其中为了更加凸显恭维语主题的接受程度，将恭维语反应分为接受（直接、间接）、拒绝（直接、间接）和回避三大类。需要说明的是，为了能够更加直观地说明不同恭维语主题的接受情况，本书将不区分主题的恭维语反应占比作为参考数值，即"平均值"。统计分析结果见表 7.1。

表 7.1 　　　　　　　　　　　　恭维语主题接受程度分析

恭维语主题	恭维语反应占比/%		
	接受（直接，间接）	拒绝（直接、间接）	回避
平均值	65	16	19
工作成就	81	13	6
外貌	74	11	15
孩子，家庭及家庭成员	66	15	19
能力及特长	65	18	17
性格	62	19	19
服饰	47	30	23
财产及所有物	34	33	33

　　在表 7.1 中可以清晰地看出，对关于"工作成就"和"外貌"主题的接受的百分比要高于"平均值"，而与此同时，对这两个话题持拒绝和回避态度的百分比低于"平均值"，所以，可以认为俄罗斯人较为接受对"工作成就"和"外貌"主题的恭维。同样，俄罗斯人对关于"财产及所有物"主题的恭维的拒绝和回避的百分比要远高于"平均值"，对该话题恭维持接受态度的占比要远低于"平均值"，可以看出，俄语言文化中，人们倾向于对关于"财产及所有物"主题的恭维回避或拒绝。

　　本章节中我们对基于语料库得到的语料数据进行了详细的展示和分析，从"恭维语反应"和"恭维主题"两个方面对世界上学者们的研究成果进行了总结。

　　本书通过分析取自于俄语国家语料库的恭维语对话场景，了解了俄语语言文化中的恭维语使用情况，在分析过程中，提出了适用于俄罗斯文化环境的恭维语反应分类标准，并以图表的形式直观地展示了各种类型的分布情况。同时，本书在对实际语料内容学习的基础上，根据以往学者对恭维语涉及话题的分类，用图表的形式展示出俄罗斯人对恭维语话题的选择偏好。在对恭维语的多维度研究中，通过数据分析，讨论了谈话者性别对恭维语反应和恭维语主题选择的影响，并把恭维语反应和恭维语主题的相关数据相结合，揭示了在俄语社会交往中，人们对不同恭维语主题的接受程度。

7.3.2　性别角度的恭维语主题分析

男女两性在社会中扮演不同的角色，不论是哪一个国家，哪一种文化，人们对男女两性的社会期望和心理认同都是不尽相同的，因此，男女在言语交际中的表现也有很大的差异，这种差异在恭维语的使用上表现尤甚，通过俄汉恭维语的社会性别语用对比分析可见一斑。

性别是影响恭维语主题选择的重要因素，人们在面向不同性别进行恭维时，选择的话题可以说有巨大的差别。因此，我们按照性别划分，把恭维取向分为四组，分别是：男→女，男→男，女→男，女→女。

从图 7.2 显而易见，俄罗斯男人的主要恭维主题常会涉及 "外貌" "性格"，如果把衣服和外表都归类于外貌的话，那么男性可以说在对女性的恭维主题选择时，会把大部分的注意力都投向对女性外貌的赞美。正如已经指出的那样，俄罗斯男性经常会在追求女性时使用恭维语，毫无疑问，外貌一定是最吸引他们目光，引发他们好感的特征。为了讨好女性，男性会对女人的美丽大加赞扬，进行恭维。

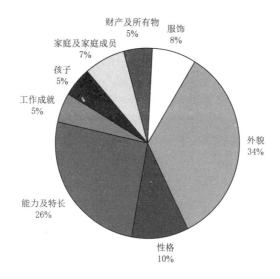

图 7.2　男→女恭维主题分布

图 7.3 展示了俄罗斯男性之间恭维语主题的选择情况，男人之间更多会就 "能力及特长" 这样的话题进行恭维，较少会恭维对方 "性格" 和 "工作成就"。图中的分析结果表明，在俄罗斯社会，认为对男人而言最重要的是内心世界和工作能力，一个男人的力量和做事效率永远是最具有吸引力的品质。

从女性对男性的恭维主题分布示意图（图 7.4）中，可以发现，女性的恭维主题大多集中在 "外貌"、"性格" 和一些 "能力及特长" 上。值得特别之处的

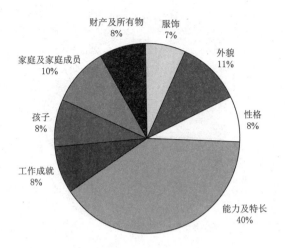

图 7.3 男→男恭维主题分布

是，在俄罗斯，女人会对男人的外貌特别留意，其次才会关注男人的内在品质，比如说他的"性格"和他的"能力及特长"等。

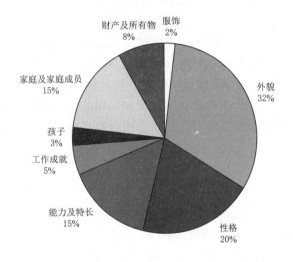

图 7.4 女→男恭维主题分布

图 7.5 的分析结果展示了女性之间的恭维话题分布情况。女人的恭维主题总是十分宽泛而又数量繁多。与男人相比，女人似乎理所当然地更加擅长且经常性地使用恭维，她们的恭维话题非常丰富。对"外貌"的赞扬是俄罗斯女人之间恭维最津津乐道的话题，其次才对对方"能力及特长""性格"的赞扬。

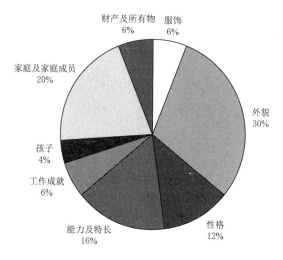

图 7.5　女→女恭维主题分布

7.4　汉语言文化中的恭维语主题

汉语语言文化中，恭维语的主题选择受社会因素影响较大。首先表现在社会地位差异上，一般而言，人们的社会地位关系可以分为"平行"和"垂直"两种：即交谈双方社会地位有差级，如领导和下属、老师和学生；"平行"社会地位是指交谈双方处于平等的社会地位，如兄弟姐妹、朋友或同事之间。中国是一个"垂直"关系社会，人们会对社会地位较高的人进行恭维，而对社会地位与自身平行的人使用恭维一般是为了维持友好的谈话气氛，拉近彼此的感情。其次是谈话者的亲属关系，交际双方是陌生人、朋友还是亲密关系，都会对恭维主题的选择产生一定的影响。交际双方的关系越熟悉越亲密，恭维主题的选择就会越随意越私人化，表达形式更加灵活。如果双方关系不太亲近，那么，恭维内容需要根据对方的喜好和特征"精心设计"，表达方式上也会显得流于形式。同样，性别差异也会对恭维主题带来一定的影响，男性之间的恭维关注点往往集中在对方的能力或工作成绩上，如工作表现、经济收入、踢球踢得很好等方面。而女性之间的恭维则主要集中在对方的外貌及其衣物、首饰、家居等所属物上，而受中国浓厚"家文化"的影响，对于有孩子的女性来讲，谈论她们的家庭成员（尤其是孩子）则是更为津津乐道的话题。当然，影响恭维内容的还有其他一些社会性因素，比如，文化因素、年龄因素等，总的来说，汉语恭维语常见的主题主要有以下几类：

（1）恭维他人的名气，或是在工作中取得的成就和工作能力。这种恭维话题多在男性之间发生，且较为表面化，一般是在彼此不太熟悉的情况下，特别是处在"垂直"社会关系中，对方是自己的长辈或上级领导时。比如：

1）先生学识渊博，见解独到。听了先生的教诲真是令晚辈茅塞顿开啊！

2）您就不必自谦了，您的大名试问谁人不知？谁人不晓呢？

（2）中华传统文化受儒家"温、良、恭、俭、让"思想的影响非常大，自古以来的文人居士也都以高风亮节，兰心蕙质作为道德完美的典范，北宋理学家周敦颐的《爱莲说》有千古名句"予独爱莲之出淤泥而不染，濯清涟而不妖，中通外直，不蔓不枝，香远益清，亭亭静植，可远观而不可亵玩焉"，更是体现了中国传统文人对一个人内在道德品行的重视，所以，汉语恭维语中对能力、才能和道德品质方面的赞赏是中国人喜爱使用的核心内容，一半以上的恭维内容都与这个话题有关。且这种恭维话题常见于"垂直"关系中，尤其是对领导或对德高望重的前辈经常使用，交际双方关系比较疏远的情况下也会有这样内容的恭维。例如：

1）您真是一个大公无私的人！

2）您的心肠真好，我们都很爱戴您！

3）作为领导干部，您光明磊落的正派作风为我们树立了良好的榜样！

（3）财产及所有物。在中国人看来，一些附属物和其所有人是一体的。贵重附属物的价值和档次可以体现其主人的身份地位，如果因为一些客观原因不方便直接恭维对方，对其附属物的赞扬就可以理解为一种间接恭维。比如恭维房子、汽车、手机等。例如：

1）这房子户型真不错，宽敞明亮，地段也好。你很有眼光啊！

2）坐你的车里真舒服，豪车确实不一般！

（4）姓名。对姓名的恭维是汉语言恭维文化中的一种独特现象。中国一向有所谓的"取名艺术"，认为名字不仅简单是一个人的代号，更是寄予了父母长辈对于子辈的美好愿望。中国人的名字常常包含着非常多的寓意。在中国社会，一个响亮、有品位、漂亮的名字就像一张设计精美的名片，可以在社会交往中给别人留下良好的第一印象，提高人际亲和力，有利于人际交往的顺利进行。因此，中国人十分重视对孩子姓名的选择，甚至在取名时会考虑到命理五行、数理格局，把名字和个人命运挂钩，形成一种独特的"玄学"。中国文化中对姓名特有的重视就造成了汉语恭维语中对有关姓名主题的存在。这类主题较常应用于社交"平行"关系中。比如：

1）你的名字看起来像朵花，读起来像首诗。真好听！

2）你的名字真响亮，牛气冲天！

（5）对外貌的恭维。由于性别属性的特点，女性对外表的美丽有天然的喜爱，精致的事物最能够吸引女性的注意力。所以她们倾向于关注他人的外表。

比如：

1) 你最近气色真好！皮肤水灵灵的，怎么保养的？

2) 你这件裙子衬得你肤色特别好！真好看！

（6）恭维家人或者孩子。儒家传统文化思想里，家庭是社会的基本单位，中国政治体制里自古就有"家天下"的传统，认为"家"与"国"是密不可分的，"位卑未敢忘国忧""捐躯赴国难，视死忽如归"……自古以来，浓浓的"家国情怀"就是融入每一个中华儿女血脉的思想根本。在中国人的价值理念中，国是大的家，家是小的国，家庭与社会是根本相依，不可分割的，社会的和谐从本质上讲就是每个家庭的和谐。也正因为此，在中国人的文化观里，家庭就占据了很重要的位置。当代中国虽然在经济、文化和思想上逐步开放，但依然属于"男权社会"，"女主内，男主外"的传统思想在社会中影响很大，中国女性会主动承担起养育孩子和照顾家人的责任，把自己更多的时间和精力分配在这方面，对家庭的关注度远胜于男性。因此对家庭及家庭成员的恭维，尤其是关于孩子的话题常常出现在已婚妇女之间。比如：

1) 你家孩子长得真漂亮，很聪明！

2) 瞧你这一家子，夫妻恩爱，孩子懂事，真让人羡慕！

7.5　汉语言视角下俄语恭维语主题特点

在周芹芹的研究中，在收集到的自然语料的基础上，把汉语语言文化中经常涉及的主题分为了五类，它们分别是：外貌、服装、财产及所有物，性格和能力及特长（周芹芹，2010）。

周芹芹的研究成果表明，在恭维语主题方面，中国人对"能力及特长"的赞美占了非常大的比例，即在汉语言文化环境中人们更加看重一个人的能力。以前中国学者的研究成果表明"中国人不认为注重外表是好事"（Yang，1987），但是从周芹芹的实验结果可以看出，对外貌的恭维仅次于"能力特长"，显然已经成为了中国人普遍选择的恭维话题。这说明在中国成为外向型社会的过程中，恭维语话题受"语用迁移"的影响也产生了较大的变化。

为了把俄语言文化中和汉语言文化中的恭维语主题分布数据做有效对比，得出俄罗斯人在选择恭维语主题时的偏好，需要我们把俄语恭维语主题类别按照周芹芹对汉语恭维语主题的分类标准进行整理。其中，本书认为，在俄语恭维语分类中，"工作成就"话题可以与"特殊才华和技能"合并，而因为在周芹芹列出的主题分类表格中，没有关于孩子和家庭成员的恭维主题，说明在她收集到的语料中涉及该主题的语料极少，所以没有单独成类。为了保证数据的一致性和实验结果的客观性，在俄语恭维语主题的分类中"孩子"和"家庭和家庭其他成员"主题被去除，重新形成了一个俄语恭维主题分布的数据，相应地，与汉语恭维语主题分布数据对比见表7.2。

表 7.2 汉俄恭维主题分布对比

恭维主题	汉语言文化中占比/%	俄语言文化中占比/%
服装	13	7
外貌	26	31
性格	11	13
能力及特长	39	42
财产及所有物	12	7

从表7.2中的数据可以得出以下结论：

（1）对被恭维人外貌的赞扬，不仅在俄语交际语境中常见，在汉语中也并不罕见。

（2）无论是在中国还是在俄罗斯，每个人都希望得到他人和社会的认可，人们都较倾向于对特长和能力的赞扬，该主题在两种语言文化中所有恭维语话题中占的比例分量都是最大的。

（3）汉语言文化中，人们受到中国传统审美观（即，不该过分关注人的外貌）的影响，会自然地把赞美的焦点转移到装饰品上（衣服或者首饰），自觉地淡化对对方长相的关注。相对来说，俄语恭维语中对人外貌关注的比例高于汉语恭维语，同时，对服装的恭维比例又低于汉语言文化中的比例，在一定程度上说明，在俄罗斯审美观中，姣好的外貌占有重要的位置。

（4）在俄语言文化中，恭维涉及"财产及所有物"话题的比例明显低于汉语言文化中的比例。这是因为在中国文化概念中，财产及所有物会被认为是个人价值的一部分，对财产及所有物的称赞就是对被恭维者个人价值的肯定。而恰恰相反，在俄罗斯文化概念中，财产及所有物是个人隐私，在非亲密关系中一般是不被触碰的。俄语恭维语对该话题的较少涉及说明了俄罗斯文化中对私人空间的尊重。

第8章 俄汉恭维语其他特征语用层面对比

作用于恭维言语行为的因素不仅包括交际双方的个人素质，还包括交际情境等因素。但是在跨文化交际中，由于每个民族都有自己的语言和文化，因此其表达恭维的方式也颇受其民族文化的影响。汉文化深受儒家思想影响，自谦敬人不仅是汉语言文化中需要遵守的礼貌原则，还是社交准则中最重要的特征之一，同时，也是中华民族数千年来承传的美德，然而对于信仰东正教的俄罗斯人，平等待人是他们处世的最基本原则。恭维对俄罗斯人来说，是为了使谈话延续和顺畅，是为了营造良好的谈话气氛，因此俄罗斯人更遵循合作原则，这种现象在俄语恭维言语行为中屡见不鲜。

8.1 俄汉恭维语境的对比

采用含蓄和委婉的方式表达思想是汉语语言文化的显著特征，相对于俄罗斯文化中的毫不遮掩，中国人的语言习惯倾向于讲话方式视谈话场合而定，谈话内容会受到许多外来因素的影响。恭维语境中，在儒家传统文化思想的深刻影响下，恭维总带有"讨好"和"拍马屁"的嫌疑，在很多场合下进行恭维需要讲求方式方法。在汉语言文化语境中，一些恭维是通过固定用语的形式表达的。比如，在迎接尊贵的客人时，会使用"您的到来令寒舍蓬荜生辉"；表达对某人的崇敬之情时会使用"久仰大名""如雷贯耳"等词句给对方营造出受人尊重的氛围；对于女性来说，通过恭维其外貌，可以迅速拉近交谈双方的心理距离，对于男性来说，中国人更喜欢对其成就进行恭维，尤其是在双方社会垂直距离有所差距时，恭维可以起到给予彼此"积极面子"的作用，避免尴尬。

俄罗斯文化中把恭维视为一种人际交往中常见的"润滑剂"，无论是对陌生人，还是对熟悉的人、亲友都进行恭维，不会因为关系的疏远或者亲近而担心造成误解。受中国传统观念影响，熟悉的亲友之间由于关系比较密切，一些言语行为的使用不仅不会拉近彼此的关系，反而显得生分，这样的言语行为包括感谢用语、恭维用语。中国人的恭维常见于很久未曾相见的亲人和挚友之间，它可以起到迅速拉近彼此距离的作用。在和自己不太熟悉的陌生人对话语境中，大多数中国人认为直接以恭维的方式打开话题会显得十分不自然，不仅不能体现出赞美的诚意，还会给人留下刻意讨好、曲意逢迎的印象，因此很少有人在这样的语境中使用直接的显性恭维，如果想取悦对方，提升谈话良好氛围，中国人更愿意采用隐晦和委婉的方式来表达自己的友好和善意。

随着东西方文化交流的日渐深入，当代中国年轻群体中，受到西方文化思想影响，在对恭维的使用上不再拘泥于传统思想的束缚，表现出了趋向于西方行为方式的势头。

8.2　俄汉恭维禁忌的对比

由于不同民族文化的不同，造成了拥有不同文化背景的人们在语言、生活习惯或者社会认知方面都会有所差异，包括言语行为。在一种文化环境中司空见惯，被普遍接受的行为也许是在另一种民族文化中格格不入、不能被接受的。在俄罗斯传统文化中就有对女性的崇拜，女性文化贯穿整个古斯拉夫社会进程的始终。女性的美是作为一种自然美的化身被欣赏和赞美，因此，在俄罗斯社会男性对女性的外貌、身材及衣着打扮进行恭维是正常的现象，这种对女性美的认可在俄罗斯人看来仅仅是一种礼貌行为，是欣赏女性美的自然流露，不会引起任何误会。儒家提出的"三纲五常"思想对中国的传统文化产生了很大的影响，同时也确立了男性主导社会活动，女性成为男性的附属品的两性社会地位，再加上中国传统观念"男女授受不亲"的加持，异性之间，对女性容貌的恭维会被误解为一种"狎昵"或"挑逗"，尤其是在其伴侣面前，更是应该避免对女性使用这样的恭维之词，不然会被认为是心图不轨，是一种"下流"的表现。当代中国随着外来文化影响的逐渐深入，越来越多的中国人接受了西方社会的行为习惯，男性对女性外貌的恭维已成为被社会认可的礼貌行为，不会引起诸多误会，但依然因为一些具体社会因素显得不那么方便，人们在使用时采取谨慎态度。

"神采奕奕""生龙活虎""龙马精神"等词语都是中国人经常会用来恭维身体强健、精力充沛的人，而这样的恭维主题在俄语交际情境中却不会出现，他们认为肉体上的健康强壮会招来魔鬼的嫉妒。这样的迷信思想和俄罗斯古代的多神教崇拜密切相关，由于生存环境的极度恶劣，俄罗斯人深信万物皆有神灵，并产生了许多迷信的说法，即使是在科技发达的今天，这些说法依然在俄罗斯人中盛行。迷信已经成为俄罗斯民族性格的一部分，甚至已经影响了他们的思维习惯。听到类似的话时，他们会说"Тьфу – тьфу, чтоб не сглазить"（呸呸呸，这可不能瞎说）一类的话，以消灾避祸。

8.3　俄汉恭维策略的对比

从会话原则的角度来看，汉语语言习惯深受儒家思想影响，自谦和敬人是儒家文化最显著的特征，因此，中国人对话倾向于遵守"贬己尊人"的原则，恭维语及其回应方式自然也不例外，以否定或者淡化对方夸奖的方式表现自己谦虚低调的品格特征。而俄罗斯人更看重谈话顺利地进行下去，他们寻求合作性，遵守对话的"一致性"原则。在恭维语语境中的表现就是对恭维内容的感谢和同意。

在汉语语境中，恭维语的表达方式是隐晦迂回的，多借他人之口表达恭维之意，比如会采取"大家都知道……""听闻他人传言您…….，今日一见果然名不虚传"，中国人讲究的是可以在不知不觉中恭维对方，且恭维的内容一定是对方最得意的地方。借"众口"的力量抬高某人的优点，这样容易取得比直接恭维更好的效果。中国传统文化中的"中庸"思想使得千百年来中国人不习惯将溢美之词直接说出来，"直截了当"的话语尺度不仅令恭维者感到刻意和不自然，也容易让被恭维者产生误解，并陷入到不知如何回应的尴尬境地。在恭维辞令的选择，恭维语气的斟酌方面上，中国人更是十分看重，因为在中国人看来，一句"火候恰当""寓意饱满"的恭维，不仅能令对方有如沐春风的感觉，迅速拉近彼此心理距离，更是能够体现出个人的文化素质，令人高看一眼。从汉语言文化的视角来看，恭维他人的同时贬低自己，运用"贬己尊人"的恭维策略使得自己的恭维诚意满满，能够起到意想不到的效果。比如：

（1）自从孩子经您教育后，就变得十分听话，每天都能做到自觉学习，对读书也充满了兴趣！以前他是很顽皮的，我们怎么也教育不好他，很是费脑筋呢。

（2）早就听闻人说先生家底深厚，学识渊博，今日一见果然名不虚传，令晚生惭愧啊。

相较于汉语言的委婉表达，俄罗斯人更喜欢用直接的方式表达自己的感情，在恭维语的使用上也倾向于具有大量显性词汇的直接恭维，这和俄罗斯开放外向的民族性格有很大关系。简单直率是俄罗斯人典型的行事特点，将内心的想法和观点直接表达，不善猜测"言外之意"是俄罗斯人社交中常见的言语行为习惯。

第9章 俄汉恭维语差异背后的语用学解读

9.1 "面子理论"视角下的"礼貌理论"

1. 基于"面子理论"的汉语恭维语反应

礼貌理论源自 Gumperz 提出的"会话策略"概念（Gumperz，1981），它为传统语言学提供了新的研究思路和方法。Goffman 进一步补充完善了 Gumperz 的语境推理，更强调语言交际中社会互动起到的重要作用，并在 20 世纪 50 年代从社会学角度提出了"面子"观点。"面子"指的是每一个社会成员想要为自己争取的一种在公众中的自我形象。中国学者何自然、陈新仁（2004）以及英国学者 Brown（1987）和 Levinson（1987）对 Goffman 的"面子理论"进行了系统的研究，并提出了具有普遍性影响力的礼貌原则，同时，他们又进一步将"面子"区分为"积极面子"和"消极面子"。"积极面子"指的是指交际者希望自己的自我形象得到赞同和认可，而"消极面子"指的是交际者希望个人的活动范围以及权利不受他人干涉或侵犯，自身具有行为自由和自主决定自由。

根据不同时期的中国学者运用不同的研究方法得到的汉语恭维反应相关数据，对比在本书中在语料库基础上得出的俄语语言文化中恭维语反应类型占比（表 9.1），可以看出，汉语恭维语反应的系列研究中，中国人对恭维语拒绝的比例总体大于本书俄语恭维语拒绝比例，这说明相较于俄语言文化，汉语言文化中的礼貌通常是以"贬己尊人"的方式实现的（顾曰国，1992）。遵守这一规范，恭维者通常不会期望来自被恭维者的赞同反应。被恭维者也通过不接受所给予称赞的方式，试图传达他们谦卑的信息。对于汉语使用者而言，表现谦虚很重要，因为它是自我形象最重要的组成部分之一。因此，在他们看来，降格自身的"积极面子"就相当于无形中维护了谈话对象的"消极面子"，既显示了自己的谦虚品格，也表达了对对方的尊重，使他们的行为可以被视为礼貌。

同时，汉语言文化中各项恭维语反应的数据较典型地体现了中华民族的传统价值观——集体主义，即，强调个人是集体中的一分子，凡事以大局为重，秉承的是"先人后己，为他人着想"的传统理念，即使是在社会交往中，也是首先考虑维护他人的感受；而与之相比，俄罗斯人的"自我意识"较强烈，习惯于将个人感受放在社会交往的首位，个人价值的体现是他们进行社会活动的主要目的。

表 9.1 　　　　　　　汉俄语言文化中恭维语反应占比

研究成果	研究方法	恭维语反应占比/%			语料来源
		接受	回避	拒绝	
俄语恭维语反应	语料库	65.00	19.00	16.00	俄语国家语料库
陈融（1993）	DCT	1.03	3.41	95.73	西安大学生
袁一（2002）	观察笔记	31.26	34.76	33.98	昆明大学生
袁一（2002）	DCT	50.28	20.79	28.93	昆明大学生
Tang et al.（2009）	DCT	48.82	36.66	14.55	在澳大利亚学习的中国大学生
陈融等（2010）	DCT	62.60	28.27	9.13	西安大学生
周芹芹（2010）	观察笔记	37.88	38.50	23.62	上海市民

但是，值得指出的是，在不同时期学者们对汉语恭维语使用情况的调查数据显示，中国恭维语言语行为最大的变化发生在恭维语应答。通过和贾玉新1997 年研究比较发现，中国人，特别是年轻的大学生群体，更多地选择直接接受或间接接受而非拒绝作为恭维语的应答方式，并且中国人恭维语应答有向英语母语者趋同的趋势。通过总结整理中国恭维言语行为十几年来发生的变化，我们发现中国社会依然保留有传统文化中的和谐，谦卑及以他人为先的特质，但在时代的变化及西方文化的影响和冲击下，中国人特别是年轻的一代更加个人主义，也更加自信。

2. 基于"礼貌原则"的俄语恭维语反应

在 Brown 和 Levinson 的研究基础上，英国学者利奇（Leech）提出了更加细致化"礼貌原则"。这种定义根植于西方文明，形成了人们对于"礼"的基本理解："礼"即礼貌，在社会交往中保持礼貌的根本原因是为了维护个人想在公众面前展示出的形象。

相对而言，从表 9.1 可以看出，虽然随着中国社会的逐渐开放，受外来文化影响，中国人越来越倾向于接受恭维，但是，研究结果显示，俄语言文化中"接受"的比例依然明显高于汉语言文化中的比例。在俄语言文化中恭维语反应类型分布图（图 6.7）"接受"类型占了大部分百分比，这说明俄罗斯人所遵守的"礼貌原则"不同于中国人，他们更乐意采取"一致准则"（Leech，2005）来表达自己的礼貌。这反映了一个事实，就是俄罗斯社会对于"礼"的理解是和西方一致的。俄罗斯人非常看重别人对自己的赞扬和肯定，认为这是自己理想的个人公众形象在他人眼里的实现，是对自己"积极面子"的维护。因此，我们可以认为，俄罗斯社会中对礼貌行为的理解接近于西方社会的行为准则。俄罗斯文化十分看重个人的"积极面子"在社会生活中的实现。对于俄罗斯人来说，尽力缩小与他人的不同意见，尽力夸张与他人的相同意见就是对他人的尊重，是在社会交往中需要遵守的礼貌原则。

9.2 高语境文化视角下的低语境文化

高语境文化与低语境文化是美国学者 Hall E. T. 于 1976 年在《超越文化》一书中提出的概念。通过大量例证分析阐释，Hall 认为，在高语境（文化）交流中，大多数文化信息是存在于物质环境中的，或内化在人的身上和谈话背景中；在沟通过程中，只有很少的信息是通过语言表达清晰传递出来的，人们在交往过程中重视"语境"而非"内容"。而与之相反的低语境（文化）交流中，大量的信息可以通过语言表达得很清楚，不需要依赖环境去揣摩推测。总体来说，高低语境文化的差异在跨文化交际中主要表现为：高语境文化的人内敛、含蓄，信息倾向于内化，非语言表达较多；而低语境文化的人外显、明朗，信息基本都有具体的语言符号相对应，倾向于用语言描述细节。

换言之，高语境中语义的承载不仅有语言性的，也包括非语言和语境性的；而在低语境中，语义的主要载体是语言本身，非语言以及语境性信息只能很小程度上影响语义，语义主要体现在进行交际的语言当中。Hall 认为，东方文化属于高语境文化，西方文化属于低语境文化。

"回避"是一种重要的恭维语反应类型，它可以分为若干个子类型，比如"重新诠释""微笑""无视"都属于"回避"反应范畴。采用"回避"反应的被恭维者通常不表达自己对恭维的明确态度，恭维者需要依靠语言之外的其他因素来猜测自己的恭维是否被接受，比如对话环境，社会地位差异等。从俄汉两种语言文化环境中对恭维语反应所得数据的分析，可以得出以下结论：

（1）从表 9.1 展示出的数据可以看出，在汉语言文化中，不同时期不同学者对不同的人群进行调查研究的结果显示，从总体上看，中国人对恭维语采取"回避"策略的比例高于俄语言文化中"回避"反应的占比。这说明，在汉语言文化中，人们更倾向于用一些不明确表露态度的方式回应恭维语，在汉语交际活动中，在很大程度上需要借助于对非言语因素的理解来达到交际目的。相对于汉语言文化而言，俄语言文化中人们对恭维语采取"回避"态度的比例较低。这可以说明，俄罗斯人更喜欢明确表达自己对恭维的态度，所以，相对于汉语文化，俄语言文化属于低语境文化。

（2）俄语恭维语中性别与语境文化特点。从表 9.2 可以看出，在俄语言文化中，由女性主动发出的恭维语，总体上被拒绝的比例较低，在面对来自女性的恭维时，男性采取"回避"策略的比例明显高于平均值，即，不直接表达自己的态度，需要恭维者自己去判断；而女性采取"回避"策略的比例明显低于平均值，也就是说女性在收到来自同性的恭维时，愿意通过一些方式明确地表达自己的态度。这些数据可以说明，当女性发出恭维言语行为时，如果恭维接受者是男性，则将更多采用高语境对话策略；而如果恭维接受者是女性，则偏向采用低语境对话策略。

表 9.2　　　　　　　　　　俄语言文化中性别对恭维反应的影响

类　　别	恭维语反应占比/%				
	直接接受	间接接受	回避	直接拒绝	间接拒绝
不区分性别	31	34	19	10	6
女→男	21	43	29	5	2
女→女	41	29	14	7	9
男→男	29	29	22	17	3
男→女	27	33	18	11	11

表 9.2 中的数据显示，由男性发出恭维时，无论接受者是男性还是女性，采取"回避"策略的比例都和参考值基本持平，这说明，俄语言文化环境中，人们在接受来自男性的恭维时，对话氛围通常没有明显的高低语境特征。

本章以中国学者对不同时期的汉语恭维语使用情况得出的研究数据为背景，整理中国学者对汉语恭维语反应研究成果，并在此基础上，梳理出汉语恭维语反应变化的趋势，以此言语行为为例展示汉语社会语用习惯变迁。对比本书对俄语恭维语研究得出的数据，从语用学角度总结汉俄语言文化背景下恭维语的使用状况可以得出以下结论：

1）在汉语言文化中，拒绝恭维，表达"己不如人"被认为是谦虚的表现，是中国文化中的礼貌行为，但在俄语言文化中人们对"礼貌"的理解更加趋向于利奇的"一致准则"，认为接受对方对自己的赞美是表达对恭维者的尊重，是礼貌行为。

2）总体来说，在汉语言文化中，人们对恭维采取"回避"策略的比例高于本书得出的俄语言文化中的"回避"比例，这说明，在俄语言文化中人们更加愿意采用各种手段表达自己对恭维的态度，相对于汉语言文化而言，俄语言文化属于"低语境文化"。

但是，通过分析性别对恭维语反应的影响得到的数据，可以看出，在俄语言文化中，男性在接受来自女性的恭维时，态度较为含蓄和内向，对话氛围偏向于高语境。

由此可见，置身于不同语言文化环境中，人们对礼貌行为的理解是不一样的，由于长期受到本民族独有的语境文化熏陶，每种文化的代言人都会有着能够体现其代表文化特征的独特的表达方式。所以，在中俄跨文化交流中，增强文化认同感，正确解读彼此言语行为就显得尤为重要。从汉语语言文化角度分析俄语恭维语，可以帮助研究俄语或对俄语感兴趣的中国人更好地了解俄罗斯文化，同时，也能够帮助人们在跨文化交往中有效地减少"文化误会"，增进彼此了解。

　　本书成果可以帮助学习俄语的中国学生更好地了解俄罗斯文化，消除跨文化交流中的言语习惯冲突，能够提高俄语学习者的文化交流水平，拓宽他们的文化视野。这对于增进俄罗斯与中国之间的文化理解非常重要。

附录 俄语国家语料库的"赞扬语"和"恭维语"实例

作 者	文 献	例 子	类型
Фазиль Искандер	Летним днем (1969)	— Вы очень хорошо говориме по - русскц. — Да, — согласился он, и его яркие глаза блеснули ещё ярче, — это моя гордость, но я с юношеских лет изучаю русский язык.	赞扬
Светлана Алексиевич	Дружба народов (2013)	《 Ты обалденная, ты сексуальная. Посмотри на себя в зеркало, какая ты красивая. Какие волосы … 》 У меня такие волосы от рождения, я прокрасоту свою забыла. Когда человек тонет, он весь пропитывается водой, так я вся пропитана болью.	恭维
Алексей Слаповский	Большая Книга Перемен // Волга (2010)	Смотрите сами: вы девушка красивая, гордая, умная, богатая. — При чем тут это? — поморщилась Ирина.	恭维
Вацлав Михальский	Храм Согласия (2008)	— Повезло, — сказала повариха Нюся. — По тебе: ты и красивая, и приличная. — Спасибо, Нюся! — засмеялась Нина.	恭维
Наталья Щербина	Перестук Каблуков (2002)	Вокруг ни души. 《 Какой ты, говорю, хороший 》. А он мне: 《 Ты тоже хороший … 》 Еле - еле убежала.	恭维
Булат Окуджава	Упраздненный театр (1989—1993)	а папа погладит сестру по голове: 《 Ты очень хорошо выглядишь, знаешь? 》 — Ну а ты просто красавчик , — скажет сестра.	赞扬
Борис Васильев	Были и небыли. Книга 2 (1988)	Я радостно вижу, что не ошибся: вы — добропорядочная, аккуратная и весьма старательная молодая особа. Но вы не понимаете, что есть работа, а что есть не работа. Я нанимал вас для работы, фройляйн, но я не хотел стеснять вас и потому не заключал контракт. — Не надо, Ганс Иванович, — краснея, торопливо пробормотала Оля.	恭维

作　者	文　献	例　子	类型
Самуил Маршак	Письма （1950—1964）	Пока же для меня совершенно ясно только одно: Вы — талантливый человек, владеющий мастерством поэтического перевода. Очень хорошо, что Вы находите время и для научной работы, и для занятий литературных. От души желаю Вам успеха. Жму руку.	赞扬
А. Ф. Писемский	В водовороте（1871）	— Нопогодите, однако, постойте: дайте посмотреть на вас: вы, кажется, еще красивее стали! — Подите вы с красотой моей!	恭维
А. П. Сумароков	Рогоносец по воображению（1772）	Да ты все достоинства имеешь: ты прекрасна, умна, хорошего поведения, молода, покойными родителями воспитана благородно, знаешь то учение, какое благородным девушкам пристойно, читательницакниг⋯ Флориза. Пускай бы это все во мне было, да я первого достоинства — приданого не имею.	恭维
Светлана Ткачева	Тамара Гвердцители: 《Не умею учиться на чужих ошибках》（2003）// 100% здоровья（2003）	— Тамара, вы очень красивая женщина. Многие считают, что красота не приносит человеку счастья, а лишь создаёт дополнительные проблемы. Вы согласны？ — Большое спасибо за комплимент. Что же касается красоты, мне нравится, когда женщина красива	恭维
коллективный	Форум: Реставрация и изготовление агрегатов подвески. ЧП Чулков（2011—2013）	Если подобные факты действительно имели место, организационные выводы будут сделаны незамедлительно. Кулибин Иван Петрович — выдающийся русский механик-изобретатель. гиперссылка. Спасибо за комплимент	恭维
коллективный	Форум: Наша шиншилла（2007—2010）	шинш оченьхорош! Тош — истинный мужчина, даже взгляд мужской, сразу видно. Надо бы своих пофотографировать [Alleka, жен] Будем ждать фотки, и спасибо за комплимент!	恭维

续表

作 者	文 献	例 子	类型
коллективный	Форум: Наша шиншилла (2007—2010)	［Alleka，жен］В общем，освоился. Да，большое спасибо за описание，вроде бы наш малыш соответствует стандарту. Потом покажу новые фотки вместе сфотками готового " дворца "，порадуетесь с нами! ［Tashik］Alleka，спасибо за комплимент мальчику.	恭维
Татьяна Соломатина	Акушер - ХА! Байки（2009）	Ну что ж，придётся ждать додвадцати одного. Нет，мне уже тридцать пять，спасибо за комплимент! А вы очень даже приятная девушка，хотя я вначале подумала，что вы дура.	恭维
Дарья Донцова	Доллары царя Гороха（2004）	— Я плохо разбираюсь，кому сколько лет. Вам，например，больше тридцати пяти не отсыпать. Я угадала? — Спасибо за комплимент，— улыбнулась я.	恭维
Александр Клейн	Мама даси, представитель Бога на земле // Пятое измерение（2003）	Я у нас в семье одна такая. Все остальные живут нормальной жизнью — работа，дом… — То，что ты умная，тебе помогает в жизни или мешает? — Во - первых，спасибо за комплимент，конечно…	恭维
Андрей Ростовский	По законам волчьей стаи（2000）	Демонстративно подняв в ее честь бокал，он достаточно громко провозгласил: — За вас，мадемуазель，вы чрезвычайно привлекательны! — Спасибо. А вы，всвою очередь，чрезвычайно любезны，— на чисто русском языке ответила незнакомка и мило улыбнулась ошарашенному Герману. — Спасибо за комплимент. Приятно слышать родную речь.	恭维
Андрей Ростовский	По законам волчьей стаи（2000）	Как это? Хорошо смотритесь! — Спасибо за комплимент，— ответила Марина.	恭维
Михаил Козаков	Актерская книга （1978—1995）	— Почему? — недоумевал я. — Вы превосходно в нем играли! — Спасибо за комплимент.	恭维
Кир Булычев	Девочка с Земли（1971）	— Я с самого начала не поверил в версию о том，чтосмелый и находчивый Второй капитан пропал без вести. Я знал и его «Синюю чайку» и понимал，что вряд ли найдется во всей Галактике сила，способнаяпогубить Второго капитана. — Спасибо за комплимент，— сказал Второй капитан.	恭维

续表

作 者	文 献	例 子	类型
И. Меттер	Пятый угол (1967)	Всегда получается, что я — ЖАБА. Мне начинать. — Ух, какая ты красивая, — скажу я ей. — Спасибо за комплимент, — ответит Таня.	恭维
Максим Горький	Жизнь Клима Самгина. Часть 4 (1928—1935)	Это всякий умный человек знает. Может быть, это люди исключительно, уродливо умные, вот как — ты… — Спасибо за комплимент, — сказал Самгин, усмехаясь и все более внимательно слушая.	恭维
И. А. Гончаров	Обрыв (1869)	— Какая такая? — Не старейтесь: такая же красавица! Знаете: я не видал такой старческой красоты никогда… — Спасибо за комплимент.	恭维
И. Грекова	Дамский мастер (1963)	— Вы прекрасно одеты, Галя, и вам никак нельзя дать больше восемнадцати — двадцати. — Вы шутите, Марья Владимировна.	恭维
А. Н. Попов	Потом… потом… потом… (1975—1979)	［Толя, муж］Ты прекрасно выглядишь. ［Оля, жен］Спасибо.	恭维
Сергей Жемайтис	Большая лагуна (1977)	— Отлично, Натали! — сказал инспектор. — Вы прекрасно водите машину. Наташа покраснела: на ее памяти инспектор еще ни разу так прямо и ни по какому поводу никому не высказывал своего одобрения.	赞扬
М. А. Булгаков	Полоумный Журден. Мольериана в трех действиях (1932)	［Маркиз Дорант, муж］Ба! Как вы прекрасно одеты! По утрам так одеваются только придворные кавалеры. ［Журден, муж］Я похож на придворного кавалера?	恭维
А. А. Богданов	Инженер Мэнни (1913)	и мужской голос тихо, мягко произнес: — Вы прекрасно поете, Нэлла. Девушка даже не удивилась, что главный инженер знает ее имя. Она ответила: — С песней легче жить	赞扬
А. О. Осипович (Новодворский)	Мечтатели (1881)	— Как вы прекрасно говорите, Евгений Нилыч! — Пожалуйте ручку! .. Хе - хе! — Но нет, уж вы меня с собой не сравнивайте!	恭维
Вацлав Михальский	Одинокому везде пустыня (2003)	— Ну тебе до старости еще далеко. Не кокетничай! Ты выглядишь изумительно! — Спасибо. Я чувствую, что ты не врешь	恭维
Максим Милованов	Кафе Зоопарк (2000)	А вот ты выглядишь просто великолепно. Просто не узнать. Говорят, что ты замуж вышла — Да.	恭维

作　者	文　献	例　子	类型
Юрий Петкевич	Бессонница（2003）// Октябрь（2002）	— Ты хорошо выглядишь, — не глядя на Фросю, выдал ей комплимент. — Просто я выспалась, — объяснила.	恭维
Сборник	Коллекция анекдотов: поручик Ржевский（1962—2000）	— Вы, Наташа, прямо как отопительная батарея, — делает комплимент поручик Ржевский. — Что, такая теплая — Да нет, такая ребристая. — Поручик, а у вас член как лондонский экспресс.	赞扬
Андрей Геласимов	Дом на Озерной（2009）	— Ты молодец, — засмеялась Валя. — Ты совсем не такая плакса, как я. — Конечно, — кивнула Катя.	赞扬
Сборник	Коллекция анекдотов: евреи（1970—2000）	— О! Вы молодец! — говорят ему. — Герой! — Да чего там!	恭维
Андрей Колесников	Совесть - то у вас есть? Столица（1997）	— И вы молодец. — Ах, — вздохнула Галина Сергеевна, — какие пустяки.	恭维
В. Ф. Панова	Времена года. Из летописей города Энска（1953）	— Ты прекрасновыглядишь, — сказала ей Катя. — Да? — спросила Надежда Петровна. — Ты находишь?	恭维
Марина Дяченко, Сергей Дяченко	Магам можно все（2001）	— Вы прекрасно выглядите, Ора, — сказал я искренне. — Зато вы выглядите неважно, — отозвалась она без улыбки.	恭维
Андрей Битов	Заповедник（телемелодрама）（1991）	— Ты прекрасно выглядишь. Возмужал, возмужал ··· — Вы тоже прекрасно выглядите, дядя Ваня.	恭维
А. Н. Попов	Потом... потом... потом...（1975—1979）	[Толя, муж] Ты прекрасно выглядишь. [Оля, жен] Спасибо.	恭维
В. В. Бибихин	Алексей Федорович Лосев（1975—1977）	— Вы прекрасно выглядите сегодня, Алексей Федорович. — Мой вид··· Это сама конструкция организма такая, что вид хороший. Стараюсь меньше работать. Но мысли не дают покоя.	恭维
Ю. В. Трифонов	Исчезновение（1981）	《Ты молодец, правильно действовал! Ты из какой вообще семьи? Какого происхождения?》 — 《Как это: какого происхождения》	赞扬

续表

作　者	文　献	例　子	类型
М. А. Шолохов	Поднятая целина. Книга 2 (1959)	— Ты просто молодец, дядя Андрей! И тут Размётнов вдруг вспомнил: — Да, ребятки, забыл вам сказать⋯ Знаете, кого я встретил на улице там, в Шахтах?	恭维
Андрей Белый	Начало века (1930)	— 《Что за прелесть!》 — воскликнула она. Она призналась матери: — Ваш сын прекрасно сочиняет. Никакого впечатления! Впоследствии С. И. Танеев, рассматривая мою руку и растягивая ее так и эдак, сказал: — 《Рука музыканта》.	赞扬
Л. А. Чарская	Княжна Джаваха (1903)	И потом, видите ли, княжна, у вас⋯ вы не рассердитесь на мою откровенность? — Нет, нет, — поспешила я ответить. — Видите ли, у вас такой вид, будто вы куда лучше и выше всех нас⋯ Вы титулованная, богатая девочка, генеральская дочка⋯ а мы все проще⋯ Это и без того все видят и знают. Не надо подчеркивать, знаете⋯ Ах да, я не умею говорить!	恭维
Елена Белкина.	От любви до ненависти (2002)	— Хорошо. Пользуйся моментом, садись и слушай. Я сейчас все могу сказать. — Ты замечательно выглядишь. Ты вполне уже можешь перестать, — сказала Ольга. — Могу, но не хочу. Ради чего? [Елена Белкина. От любви до ненависти (2002)]	恭维
А. Н. Попов	Потом⋯ потом⋯ потом⋯ (1975—1979)	[Толя, муж] Пауза. О чем ты думаешь, мой ангел?.. Что случилось, моя королева? .. У - ууу, ты прекрасно выглядишь. Мне нравится эта небрежная прядь⋯ Ты очень красиво сидишь⋯ Только у детей бывают такие естественные позы⋯ [А. Н. Попов. Потом⋯ потом⋯ потом⋯ (1975—1979)]	恭维
Артем Тарасов	Миллионер (2004)	— А стоимость земли каждый год может расти, если за ней хорошо ухаживают, или падать, если этого не делают. Это стимулирует к рациональному ведению сельского хозяйства. Правильно? — Вы очень способный человек! — похвалила меня Ева. — Так и происходит. В тот момент, когда вы захотите вернуть землю банку или ее продать, осуществляется ее реальная оценка.	赞扬

续表

作 者	文 献	例 子	类型
Е. М. Шаврова	Маркиза（1897）	— Душка, маркизочка, — воскликнула Нелли, — да какая же она нарядная! Прелесть моя! Право, ты счастливица, и я завидую тебе и нисколько не стыжусь этого! Подумай только, какой у тебя талантливый муж, какие чудные бэбиньки! Какой дом, какой сад, какие цветы! Да, ты счастливица, маркиза, не то что я, старая дева, — a la recherche d'un mari. И маркиза улыбнулась, целовала Нелли, и казалось, нет в мире женщины счастливее ее.	恭维
Ю. О. Домбровский	Обезьяна приходит за своим черепом, часть 3（1943—1958）	Помолчали. Покурили. Посмотрели друг на друга. — Вы мужественный человек, господин Гарднер, — похвалил карлик. — Я, кроме того, ещё и справедливый человек, — напомнил Гарднер. И тут карлик уже ничего не ответил, только подвинул к себе лист рапорта. — Дурацкий слог, — сказал он недовольно	赞扬
Владимир Валуцкий, Леонид Квинихидзе	Памела Трэверс. Мэри Поппинс, до свиданья!, к/ф（1983）	— Мисс! Вы прекрасно выглядите сегодня! — Не сомневаюсь! Чего о вас не скажешь.	恭维
Валентин Черных, Дмитрий Месхиев, Наталья Чепик, Юрий Коротков	Женская собственность, к/ф（1999）	— Здравствуй, моя дорогая. Как ты прекрасно выглядишь! —Спасибо тебе. Спасибо тебе родная.	恭维
Эльдар Рязанов, Эмиль Брагинский	Служебный роман, к/ф（1977）	—О, вы сегодня прекрасно выглядите. —Так я теперь буду выглядеть всегда.	恭维
Алексей Коренев, Валентин Азерников	По семейным обстоятельствам, к/ф（1977）	—Вы сегодня прекрасно выглядите! — О, благодарю, по - моему, это слишком.	恭维
В. Ф. Панова	Кружилиха. Роман（1947）	— Костя, вы выглядите просто замечательно. У вас потрясающе джентльменский вид. — Я думаю, вот так будет хорошо.	恭维
З. Н. Гиппиус	Цыганка（1896）	Аня расхохоталась и сказала: — Нет, я не думаю. Я, например, убеждена, что страшно выходить замуж. Ты, Лида, ты другое дело: ты такая хорошенькая… Лида едва заметно улыбнулась.	恭维

续表

作　者	文　献	例　子	类型
Вадим Кожевников, Владимир Басов	Щит и меч, к/ф (1968)	—Прекрасно выглядите, Ангелика. —Вы тоже.	恭维
А. О. Осипович	Мечтатели (1881)	— Как вы прекрасно говорите, Евгений Нилыч! — Пожалуйте ручку! …Хе‐хе! Но нет, уж вы меня с собой не сравнивайте!	恭维

参 考 文 献

[1]　周芹芹. 汉语恭维回应语的社会语言学变异研究 [D]. 上海：上海外国语大学，2010.

[2]　贾玉新. 跨文化交流学 [M]. 上海：上海外语教育出版社，1997.

[3]　季小民，何荷. 国内外语用学实证研究比较：语料类型与收集方法 [J]. 外语教学理论与实践，2014 (2)：27 - 33.

[4]　邹为诚. 论英语称赞语的交际模式 [J]. 外国语，1990，1：64 - 67.

[5]　冯江鸿. 英汉赞扬及其应答的性别语用比较 [J]. 外语研究，2003：18 - 24.

[6]　魏耀章. 恭维语的性别差异研究 [J]. 西安：西安外国语学院学报，2001 (1)：1 - 5.

[7]　席于霞. 浅析中西方恭维语的社会文化意蕴 [J]. 南昌教育学院学报，2009 (1).

[8]　王书亭，雷虹. 英汉恭维语回应的语用差异 [J]. 中国成人教育，2010，15：146 - 147.

[9]　李先进. 英语恭维语的性别差异分析 [J]. 昆明理工大学学报（社会科学版），2009，9 (2)：101 - 104.

[10]　汪方方. 多维视野中的俄汉恭维语对比研究 [D]. 上海：上海外国语大学，2010.

[11]　梅德韦杰娃·克里斯蒂娜. 汉俄恭维语对比研究 [D]. 哈尔滨：黑龙江大学，2012.

[12]　黄媛. 俄汉恭维语的社会性别对比研究 [D]. 苏州：苏州大学，2012.

[13]　周民权. 俄汉恭维语的社会性别语用对比研究 [J]. 杭州：浙江外国语学院学报，2013 (1)：14 - 19.

[14]　胡延新. 跨文化商务交际俄语 [M]. 北京：对外经济贸易大学出版，2012.

[15]　周丹丹. 俄汉恭维语之语用对比分析 [D]. 苏州：苏州大学，2006.

[16]　王琳. 俄汉恭维语的语用对比研究 [D]. 沈阳：辽宁大学，2015.

[17]　杨志刚. 俄汉恭维言语行为对比研究 [D]. 哈尔滨：黑龙江大学，2013.

[18]　何自然，陈新仁. 当代语用学 [M]. 北京：外语教学与研究出版社，2004.

[19]　何自然. 读《英语教学交际论》[J]. 外语教学与研究，1997，1：74 - 75.

[20]　顾曰国. 礼貌、语用与文化 [J]. 外语教学与研究，1992 (4)：10 - 17.

[21]　毕继万. "间接的文化特征"跨文化交际面面观 [M]. 北京：外语教学与研究出版社，1999.

[22]　孙亚婷. 恭维语的语言游戏特质 [D]. 哈尔滨：哈尔滨理工大学，2015..

[23]　白航凡. 汉语恭维语及应答语70年变迁研究 [D]. 保定：河北大学，2020.

[24]　陈璐. 基于评价理论的汉美恭维语对比研究 [D]. 开封：河南大学，2013.

[25]　李怡，王建华. 跨文化语用研究语料收集方法 [J]. 绍兴文理学院学报（哲学社会科学），2013，33 (2)：92 - 98.

[26]　李颖. 美国来华留学生汉语恭维语应答策略研究 [D]. 南京：南京大学，2013.

[27]　李苏明. 面向对外汉语教学的汉英礼貌用语对比分析 [D]. 沈阳：沈阳师范大学，2012.

[28]　许力生. 语言研究的跨文化视野 [M]. 上海：上海外语出版社，2006.

［29］ 杨悦宁. 中俄大学生恭维语应答策略语用对比研究［D］. 大连：大连外国语大学，2020.

［30］ 张雨. 中美恭维语及其应答对比研究［D］. 成都：四川师范大学，2008.

［31］ 李厚业. 中西文化中的礼貌探究［D］. 哈尔滨：黑龙江大学，2007.

［32］ 郝薇薇. 中英文恭维语回应对比研究［D］. 长春：吉林大学，2004.

［33］ Wolfson N. Perspectives：sociolinguistics and TESOL［M］. New York：Newbury House Publishers，1989.

［34］ Holmes J. Compliments and Compliment Responses in New Zealand English［J］. Anthropological Linguistics，1986，28（4）：485 - 508.

［35］ Goffman E. Interaction ritual：essays on face - to - face interaction［M］. Oxford England：Aldine，1967.

［36］ Ye L. Complimenting in mandarin Chinese［J］. Pragmatics of Chinese as Native and Target Languages. ，1995：207 - 302.

［37］ Holmes J. Paying compliments：A sex - preferential politeness strategy［J］. Journal of pragmatics，1988，12（4）：445 - 465.

［38］ Формановская Н И. Русский речевой этикет：лингвистический и методический аспекты［M］. Русский язык，1982.

［39］ Формановская Н И. Речевой этикет и культура общения［M］. Рипол Классик，1989.

［40］ Herbert R K. Sex - based differences in compliment behavior 1［J］. Language in society，1990，19（2）：201 - 224.

［41］ Иссерс О С. Коммуникативные стратегии и тактики русской речи［M］. URSS，2005.

［42］ Kasper G. Data Collection in Pragmatics Research［EB］. 2019. http：// scholarspace. manoa. hawaii. edu/handle/10125/40802.

［43］ Kasper，Dahl. Research Methods in Interlanguage Pragmatics［J］. Studies in Second Language Acquisition，1991，13（2）：215 - 247.

［44］ Kasper G. Multiple questions in oral proficiency interviews［J］. Journal of Pragmatics，2007，11：2045 - 2070.

［45］ Ogiermann E. On Apologising in Negative and Positive Politeness Cultures［M］. John Benjamins Publishing，2009.

［46］ Bublitz，Norrick. Introduction：the burgeoning field of pragmatics［M］. De Gruyter Mouton，2011：1 - 20.

［47］ Braun，Bujdosó，Schubert. Literature of Analytical Chemistry：A Scientometric Evaluation A Sci［M］. CRC，1987.

［48］ Chen C，Ibekwe - SanJuan，Hou. The structure and dynamics of cocitation clusters：A multiple - perspective cocitation analysis / Journal of the American Society for Information Science and Technology［EB］. 2010.

［49］ Kleinberg，Tardos. Approximation algorithms for classification problems with pairwise relationships：metric labeling and Markov random fields［J］. Journal of the ACM，2002，5.

［50］ Wolfson N，Manes J. The compliment as a social strategy［J］. Research on Language & Social Interaction，1980，13（3）：391 - 410.

［51］ Chen R. Responding to compliments A contrastive study of politeness strategies between American English and Chinese speakers - ScienceDirect ［EB］ 1993.

［52］ Golato A. German Compliment Responses ［J］. Journal of Pragmatics, 2002, 34 (5): 547 - 571.

［53］ Brown P, Levinson S C, Gumperz J. Politeness: Some Universals in Language Usage ［M］. Cambridge: Cambridge University Press, 1987.

［54］ Yuan Y. Compliments and Compliment Responses in Kunming Chinese ［J］. Pragmatics, 2002, 12 (2): 183 - 226.

［55］ Pomerantz A. Compliment responses: Notes on the co - operation of multiple constraints ［M］. Amsterdam: Studies in the organization of conversational interaction. Elsevier, 1978: 79 - 112.

［56］ Herbert R K. The ethnography of English compliments and compliment responses: A contrastive sketch ［J］. Contrastive pragmatics, 1989: 3 - 35.

［57］ Lorenzo - Dus N. Compliment Responses among British and Spanish University Students: A Contrastive Study ［J］. Journal of Pragmatics, 2001, 33 (1): 107 - 127.

［58］ Cheng D. New insights on compliment responses: A comparison between native English speakers and Chinese L2 speakers ［J］. Journal of Pragmatics, 2011, 43 (8): 2204 - 2214.

［59］ Wu H C, Takahashi T. Developmental patterns of interlanguage pragmatics in Taiwanese EFL learners: Compliments and compliment responses ［J］. The Asian EFL Journal Quarterly March, 2016, 18: 130.

［60］ Yu M. Cross - cultural and interlanguage pragmatics: Developing communicative competence in a second language ［D］. Harvard Graduate School of Education, 1999.

［61］ Yu M. Sociolinguistic Competence in the Complimenting Act of Native Chinese and American English Speakers: A Mirror of Cultural Value ［J］. Language and Speech, 2005, 48 (1): 91 - 119.

［62］ Spencer - Oatey H, Patrick N G. Reconsidering Chinese modesty: Hong Kong and mainland Chinese evaluative judgements of compliment responses ［J］. Journal of Asian Pacific Communication, 2001, 11 (2): 181 - 201.

［63］ Tang C H, ZHang G Q. A contrastive study of compliment responses among Australian English and Mandarin Chinese speakers ［J］. Journal of Pragmatics, 2009, 41: 325 - 345.

［64］ Ruhi S. Politeness in compliment responses: a perspective from naturally occurring exchanges in turkish ［J］. Pragmatics, 2006, 16: 1 - 43.

［65］ Sharifian F. The Persian cultural schema of shekasteh - nafsi: A study of compliment responses in Persian and Anglo - Australian speakers ［J］. Pragmatics & Cognition, 2005, 13 (2): 337 - 361.

［66］ Farghal M, Al - khatib M A. Jordanian college students' responses to compliments: A pilot study ［J］. Journal of Pragmatics, 2001, 33 (9): 1485 - 1502.

［67］ Othman N. Pragmatic and cultural considerations of compliment responses among Malaysian - Malay speakers ［J］. An International Journal of Asian Literatures, Cultures and Englishes, 2011, 5 (1): 86 - 103.

[68] Han C A. comparative study of compliment responses: Korean females in Korean interactions and in English interactions [J]. Manufactured to aim standards by applied image inc. , 1992: 17.

[69] Gajaseni C A. contrastive study of compliment responses in American English and Thai including the effect of gender and social status [D]. University of Illinois at Urbana - Champaign, 1994.

[70] Chen R, Yang D F. Responding to compliments in Chinese: Has it changed? [J]. Journal of Pragmatics, 2010, 7: 1951 - 1963.

[71] Mills S. Gender and politeness [M]. Cambridge: Cambridge University Press, 2003. .

[72] Angouri J, LOCHER M A. Theorising Disagreement [J]. Journal of Pragmatics, 2012, 44 (12): 1549 - 1553 .

[73] Barron A, Schneider K P. Variational pragmatics: Studying the impact of social factors on language use in interaction [J]. Intercultural Pragmatics, 2009, 6 (4): 425 - 442.

[74] Kasper G. Pragmatic Development in a Second Language [J]. Language Learning: A Journal of Research in Language Studies, 2002.

[75] Gardner R C. Motivation and Second Language Acquisition: The Socio - educational Model [M]. Peter Lang , 2010.

[76] Golato A. Studying Compliment Responses: A Comparison of DCTs and Recordings of Naturally Occurring Talk [J]. Applied Linguistics, 2003, 24 (1): 90 - 121.

[77] Golato A. Compliments and compliment responses: Grammatical structure and sequential organization [M]. Amsterdam: Benjamins Publishing Company, 2005.

[78] Jucker A H. Speech act research between armchair, field and laboratory The case of compliments [J]. Journal of pragmatics, 2009, 41 (8): 1611 - 1635.

[79] Rees - miller J. Compliments revisited: Contemporary compliments and gender [J]. Journal of Pragmatics, 2011, 11: 2673 - 2688.

[80] Coates J. Women, men and language: A sociolinguistic account of gender differences in language [M]. London: Routledge, 2015.

[81] Kerbrat - Orecchioni C. La description des échanges en analyse conversationnelle: l' exemple du compliment in Dialogues: Du marivaudage à la machine [J]. DRLAV Revue de Linguistique, 1987 (36 - 37): 1 - 53.

[82] Cedar P. Thai and American responses to compliments in English [J]. The Linguistics Journal, 2006, 1 (2): 6 - 28.

[83] Арутюнова Н Д. Типы языковых значений: оценка событие факт [M]. Москва: Наука, 1988.

[84] Леонтьев В В. Комплимент как жанр личностного типа дискурса [J]. Языковая личность: институциональный и персональный дискурс: Сб. науч. тр. - Волгоград: Перемена, 2000: 200 - 207.

[85] Сурадейкина А В Нагорняк А А. Искусство комплимента [J]. Успехи современного естествознания, 2012 (5): 66 - 68.

[86] Леонтьев В В. Женские комплименты в английской лингвокультуре [J]. Вестник ВолГУ. Сер, 2001, 2: 118 - 123.

［87］ Галимова З Ф. Тактики комплимента и похвалы в конструировании положительного образа женщины－собеседницы ［D］. Ижевск: УДмурт гос. ун－т, 2009 .

［88］ Сурова Е А. К вопросу о критериях типологизации высказываний в комплиментом дискурсе ［J］. Мир лингвистики и коммуникации: электронный научный журнал, 2008, 1 (10): 38－45.

［89］ Горобец О Б. Комплимент в русскоязычной и франкоязычной коммуникации: жанровые и межкультурные аспекты ［J］. Россия－Восток－Запад: Проблемы межкультуной коммуникации: сборник научных статей на основе докладов, 2009: 129－134.

［90］ Бигунова Н А. Прагматические особенности речевых актов комплимента и лести ［J］. 2013.

［91］ Земская Е А, et al. Русский язык в его функционировании. Коммуникативно－прагматический аспект ［M］. Академический научно－издательский, производственно－полиграфический и книгораспространительский центр РАН " Издательство " Наука", 1993.

［92］ Беляева－Станден Е И. Гендерные особенности комплимента россиян ［J］. Вопросы психолингвистики, 2006 (4).

［93］ Семенова Е А. Генерная специфика комплимента ［C］. Русский язык в славянской межкультурной коммуникации, 2017.

［94］ Лобанова И Н, Пастухова Е С. Гендерные особенности комплимента (на материале немецкого языка) ［J］. Проблемы романо－германской филологии, педагогики и методики преподавания иностранных языков, 2008 (6): 30－34.

［95］ Винокур Т Г, Гловинская М Я, Голанова Е И. Русский язык в его функционировании. Коммуникативно－прагматический аспект ［M］. Академический научно－издательский, производственно－полиграфический и книгораспространительский центр РАН Издательство Наука, 1993.

［96］ Китайгородская М А, Розанова Н Н. Русский речевой портрет ［J］. Фонохрестоматия, 1995.

［97］ Кирилина А В, Томская М. Лингвистические гендерные исследования ［J］. Отечественные записки, 2005 (2).

［98］ Серебрякова Р В. Национальная специфика комплимента и похвалы в русской и английской коммуникативных культурах ［J］. Язык, коммуникация и социальная среда, 2001 (1): 3－8.

［99］ Журавлев А В. Функционирование выражений－комплиментов в русском и французском языках ［J］. Сборник научных трудов, Русская и сопоставительная филология , 2002.

［100］ Михальчук Т Г. Национальная специфика форм комплимента в русский художественной литературе и в русском общении ［J］. 2004 .

［101］ Yu M－C. Interlinguistic Variation and Similarity in Second Language Speech Act Behavior ［J］. The Modern Language Journal, 2004, 88 (1): 102－119.

［102］ Морозова И С. Некоторые особенности речевого акта комплимент в англоязычной (британской) лингвокультуре (на материале текстов художественных произведений XX века) ［C］. Международная научная конференция Изменяющийся языковой мир.

［103］ Daikuhara M A. Study of Compliments from a Cross－Cultural Perspective: Japanese vs. American English ［J］. 1986, 33.

[104] Yang S. A comparison between Chinese and American cultures in forms of address, greetings, farewells, and compliments [J]. Cross Currents, 1987, 13 (2): 13 – 28.

[105] Leech G. Principles of Pragmatics [M]. Routledge, 2016.

[106] Leech G. Politeness: Is there an East – West divide? [J]. Journal of Politeness Research. Language Behaviour Culture, 2007, 3 (2).

[107] Gu Yueguo. Politeness phenomena in modern Chinese [J]. Journal of Pragmatics, 1990, 14 (2): 237 – 257.

[108] Hall E T. Beyond culture [M]. Oxford England: Anchor, 1976.

[109] Пелих Е А. II Международная научная конференция Язык. Культура. Коммуникация [J]. Вестник Волгоградского государственного университета. Серия 2: Языкознание, 2008 (2).

[110] Чжоу М. Гендерные исследования в русско – китайских речевых актах [J]. Вопросы филологических наук, 2010 (1): 61 – 63.

[111] Ларина Т В. Категория вежливости в английской и русской коммуникативных культурах [J]. изд – во РУДН, 2003, 315: 10.

[112] Ларина Т. Категория вежливости и стиль коммуникации [M]. Москва: Litres, 2017.

[113] Левонтина И, Шмелев А, Зализняк А. Ключевые идеи русской языковой картины мира [M]. Litres, 2017.

[114] Сальникова И В. Комплимент в британской и американской лингвокультурах: коммуникативные, лингвопрагматические и лингвокультурологические аспекты [D]. ИВ Сальникова. Воронеж, 2006.

[115] Мищенко В Я. Комплимент в речевом поведении представителей англоязычных (британской и американской) культур [J]. дисс. . . . канд. филол. наук, 1999, 10 (4).

[116] Ковшова М. Л. Комплимент и оскорбление: общее и различное (на материале современной русской речи) [M]. Язык, Сознание, Коммуникация, 2010: 103 – 112.

[117] Мурашкина Э В. Комплимент как регулятивный речевой акт (на материале английского языка) [M]. Тверь: Тверь, 2004.

[118] Дрыгина Ю А. Комплимент как речевая стратегия англоязычного политического дискурса [J]. Филологические науки. Вопросы теории и практики, 2013 (11): 29.

[119] Тихомирова А В, Петрушко И А, Богатырева О П. Комплимент, некомплимент и образ адресата в диалоге [J]. Современные проблемы науки и образования, 2015 (2 – 2): 220 – 220.

[120] Мосолова И Ю. Комплиментарные высказывания с позиции теории речевых актов: на материале французского, русского и английского языков [D]. Масолова Ирина Юрьевна М, 2005.

[121] Леонтьев В В. Комплименты как компоненты формул приветствия и благодарности (на материале английского языка) [J]. Вестник Волгоградского государственного университета. Серия 2: Языкознание, 2006 (5).

[122] Шмелев А Д, Левонтина И Б, Зализняк А А. Константы и переменные русской

языковой картины мира〔J〕. Языки славянских культур，2012.

［123］ Брагина Н Г. Красота：энергия влечения и образ власти〔J〕. Логический анализ языка. Языки эстетики：Концептуальные поля прекрасного и безобразного，2004：487 – 503.

［124］ Брагина Н Г. Память и прошлое：языковые образы，культурные практики〔J〕. Известия Российской академии наук. Серия литературы и языка，2003，62 (5)：1 – 13.

［125］ Шмелев А Д. Можно ли понять русскую культуру через ключевые слова русского языка?〔J〕. Константы и переменные русской языковой картины мира，2012：17 – 24.

［126］ Вежбицкая А. Понимание культур через посредство ключевых слов〔M〕. Москва：Litres，2017.